언어 평등

ХЭЛ ТЭГШ БАЙДАЛ

NYELVI EGYENLŐSÉG

SPRACHE EQUALITY

TAAL GELIJKHEID

SPRÅK LIKHET

LANGUAGE EQUALITY

NGÔN NGỮ BÌNH ĐÁNG

IDIOMA IGUALDADE

BAHASA KESETARAAN

言語平等

שפת שוויון

भाषा समानताको

ภาษาเท่าเทียมกัน

IDIOMA IGUALDAD

AEQUALITAS LANGUAGE

JAZYK ROVNOST

語言平等

LANGUE ÉGALITÉ

ЯЗЫК EQUALITY

ພາສາຄວາມະເທີພາບ

LIMBA EGALITATE

اللغة المساواة

UGUAGLIANZA LINGUA

برابری زبان

"모든 언어는 평등하다"

ভাষা সমতা

언어는 문화의 다양성 산물이며,

LUGHA USAWA

인류 공동체 소통의 시작과 문명 발전의 발자취이다.

또한, 인류 문명의 근거인 동시에 민족 정체성의 상징이다.
언어 평등주의 관점에서 고유 가치와 순결성은 언어 사용자수와 국력에 국한 될 수 없으며
어떠한 언어도 우수함, 열등함을 비교할 수 없다.

따라서, 우리는 언어의 획일화 위협을 완전히 배제하며
언어학습의 자유로운 선택과 평등한 기회를 위한 어학콘텐츠 개발과 보급이
우리의 가장 중요한 가치 중 하나이다.

МОВА РІВНІСТЬ

민족 자주독립의 1945년 명동 문예서림(서점) 창립이래,
어학 콘텐츠는 우리의 과거, 현재 그리고 미래의 핵심이며

DIL EŞITLIK

세계 모든 어학콘텐츠 개발과 보급이라는
우리의 이상과 독자를 위한 〈언어 평등〉에 정진할 것이다.

초보자를 위한

인도네시아어
한국어
단어장

아울리아 주내디 저

Kosakata
Bahasa
Indonesia-Korea

문예림

저자 아울리아 주내디/ Aulia Djunaedi

- 학사-수라바야 대학교-경제 학과/S1-/Universitas Surabaya-Ekonomi Manajemen.수라바야 도시/Kota Surabaya
- 석사-우송 대학교-TESOL MALL-영어 교육 학과/S2-Universitas Woosong-Pendidikan Bahasa Inggris. 대전/Kota Daejeon
- 박사-충남국립 대학원-영어 교육 학과/S3-Universitas Nasional Chungnam- Pendidikan Bahasa Inggris

경험 / Pengalaman
- 인도네시아 선생님(시간제/아르바이트) 우송대학교 2006-2007
- 인도네시아 선생님(시간제) 한국타이어 2010-2011
- 인도네시아 선생님(시간제) 롯데그룹 2010
- 인도네시아 선생님(시간제) 제일제당 그룹 2011-2012
- 인도네시아 선생님(시간제) 수원 이주민 센터 2011-2012
- 인도네시아 대화 읽기 중급

Facebook : Aulia Djunaedi

초보자를 위한
인도네시아어 - 한국어 단어장

초판 2쇄 인쇄 | 2016년 6월 17일
초판 2쇄 발행 | 2016년 6월 24일

발행인 | 서덕일
지은이 | 아울리아 주내디
펴낸곳 | 도서출판 문예림
주소 | 경기도 파주시 회동길 366 (10881)
전화 | 02-499-1281~2
팩스 | 02-499-1283
E-mail : info@bookmoon.co.kr

출판등록 번호 | 1962. 7. 12(제 406-1962-1호)
ISBN 978-89-7482-646-8(13790)

- 잘못된 책은 구입하신 서점에서 교환하여 드립니다.
- 본 책은 저작권법에 보호를 받는 저작물이므로 무단 전제와 복제를 금합니다.

머리말

한국과 인도네시아가 1988년 안영호 수교를 한 이후 한국과 인도네시아어 간의 교류가 지속적으로 활발해져 가면서, 인도네시아어를 배우려는 한국인 또한 그 숫자가 날로 늘어가고 있습니다. 이 간단한 단어장을 통하여 인도네시아어를 배우자 하는 사람들이 인도네시아어를 공부하는 데에 조금이라도 도움이 될 겁니다. 본 단어장의 편찬을 위해 다음과 같은 사전들이 참고로 사용하였습니다.

Echols John dan Shadily H. "Kamus Inggris-Indonesia, Kamus Indonesia-Inggris"(Jakarta, Gramedia, 1988)

안영호 "현대 인도네시아-한국어 사전"(서울, 외국어대학 출판부, 1988)

안영호 "표준 인도네시아 회화(서울, 명지 출판사, 1990)

안영호 "기초 인도네시아어"(서울, 삼지, 1994)

안영호 "꿩먹고 알먹는 인도네시아어 첫걸음"(서울, 문예림, 2011)

Laszlo Wagner "Indonesian"(Australia, Lonely Planet, 5th Ed, 2006)

Totok Suhardiyanto "Jalan Bahasa Jilid 1"(Jakarta, Wedatama Widya Sastra, 2nd Ed, 2007)
최신영 "입에서 인도네시아어"(서울, 문예림, 2009)
임영호 "인도네시아어-한국어 사전 Kamus Bahasa Indonesia-Korea Standar"(서울, 문예림, 2011)

끝으로 이 단어장 작업을 해 주시느라 수고해 주신 모든 분들과 여러 번에 걸쳐 제안을 해 주신 최병옥과 최은석, 초기 표제어 타이핑 작업을 도와주었던 김남권, Astrid Marieska, Edvan Muslim 노고에 감사를 드립니다. 또한, 본 단어장이 빛을 보게 해주신 문혜림의 서덕일 사장님과 신흥미디어 편집을 도와주신 윤종목 사장님 및 편집위원들께 감사를 드립니다.

2013년 10월
아울리아 주내디

례

머리말 ················ 3

발음 ················ 12

Bandara Udara (공항) ········ 16

Taksi (택시) ············ 18

Kendaraan Umum (대중교통) ······ 20

Bank (은행) ············ 22

Restoran (식당) ··········· 24

Hotel/Villa (호텔/빌라) ········ 25

Agama (종교) ············ 26

Pasar (시장) ············ 28

Hewan/Hutan (동물/숲) ······· 30

Kerja (일/작업) ··········· 32

Rumah Sakit (병원) ········· 34

Sekolah (학교) ··········· 37

차례

Belanja (쇼핑) · 39

Pantai (바다) · 41

Salon Rambut (미용실) · · · · · · · · 42

Tubuh (몸) · 43

Rumah (집) · 46

Waktu (시간) · 48

Kelezatan (맛) · · · · · · · · · · · · · · · · · · · 50

Perasaan (감각) · · · · · · · · · · · · · · · · · · 51

Olahraga (운동) · · · · · · · · · · · · · · · · · 53

Keluarga (가족) · · · · · · · · · · · · · · · · · · 55

Mengendarai & Lalu lintas
 (운전 및 교통) · · · · · · · · · · · · · · · · 58

Awas (주의 표시) · · · · · · · · · · · · · · · · 62

Wisata (관광) · · · · · · · · · · · · · · · · · · · 64

Kata Kerja (동사) · · · · · · · · · · · · · · · · 66

Kata Sifat (형용사) · · · · · · · · · · · · · 72

Masak-memasak, Penyedap Rasa
(조리 및 조미료) · · · · · · · · · · · · · · · · · · 76

Penyedap Rasa (조미료) · · · · · · · · · 78

Daging (고기) · 80

Sayur (야채) · 82

Rasa (맛) · 84

Buah (과일) · 86

Corak dan Ragi (무늬와 색상) · · · · · · · 88

Tekstil & Pakaian (직물 및 봉제) · · · · 90

Warna (색) · 98

Binatang (동물) · · · · · · · · · · · · · · · · · · 100

Ikan (물고기) · 103

Serangga (고충) · · · · · · · · · · · · · · · · · · 105

Burung (새) · 106

차례

Kata (단어) · · · · · · · · · · · · · · · · · · 108

Rumah (집) · · · · · · · · · · · · · · · · · · 110

Kolam Renang (수영장) · · · · · · · · · 112

Main (놀다) · · · · · · · · · · · · · · · · · · 113

Sawah (논) · · · · · · · · · · · · · · · · · · 114

Kosakata Tambahan 1 (추가 단어 1) · 116

Wisata (관광) · · · · · · · · · · · · · · · · 118

Kosakata Tambahan 2 (추가 단어 2) 120

A · 128
B · 132
C · 136
D · 141
E · 145
F · 147
G · 149

H	153
I	158
K	162
L	170
M	172
N	176
O	178
P	180
Q	185
R	186
S	188
T	192
U	194
V	196
W	197

례

X ················· 199
Y ················· 200
Z ················· 201

부록 ················· 203

초보자를 위한
인도네시아어 – 한국어
단어장

■발음

A	아	H	하	O	오	V	훼
B	베	I	이	P	페	W	웨
C	쩨	J	제	Q	키	X	엑스
D	데	K	까	R	에르	Y	예
E	에	L	엘	S	에스	Z	젤
F	에프	M	엠	T	떼		
G	게	N	엔	U	우		

I. 모음의 발음

a: '아'로 발음 된다

apa ⟨a-pa⟩ (아빠); aku ⟨a-ku⟩ (아꾸);
tua ⟨tu-a⟩ (뚜-아)

i: '이'로 발음 된다

itu ⟨i-tu⟩ (이뚜); ikan ⟨i-kan⟩ (이깐)

e: 단어에 따라 발음은 '으'이나 '어' 또한 '에'. 발음은 '으'와 '어'의 중간 소리를 낸다. 그러나 중

간소릴를 재기가 쉽지 않아서 이 사전은 '으'로 선택된다.

Bedah ⟨be-dah⟩ (브-닿); begitu ⟨be-gi-tu⟩ (브-기-뚜); teduh ⟨te-duh⟩ (뜨-뚷)

또한 다른 발음은 '에'

Meja ⟨me-ja⟩ (메-자); enak ⟨e-nak⟩ (에-낙)

u: '우'로 발음된다

Udang ⟨u-dang⟩ (우-당); sudah ⟨su-dah⟩ (수-닿)

O: '오'로 발음된다

Obat ⟨o-bat⟩ (오-밧); roti ⟨ro-ti⟩ (로-띠)

II. 자음의 발음

B: 'ㅂ'으로 된다

Bau ⟨ba-u⟩ (바-우); bosan ⟨bo-san⟩ (보-산)

N: 'ㄴ'으로 된다

Nama ⟨na-ma⟩ (나-마); nikah ⟨ni-kah⟩ (니-깡)

C: 'ㅉ'으로 된다

Coba ⟨co-ba⟩ (쪼-바); cara ⟨ca-ra⟩ (짜-라)

P: 'ㅃ'이나 'ㅍ'으로 된다

인도네시아는 지역에 따라 엑센트가 차이가 있습니다.

D: 'ㄷ'으로 된다

Dikau ⟨di-ka-u⟩ (디-까우); Dengan ⟨deng-an⟩ (등안)

Q: 'ㅋ'으로 된다

Quran ⟨Qu-ran⟩ (꾸란)

F: 'ㅍ'으로 된다

Faham ⟨fa-ham⟩ (파함); film (필음)

R: 'ㄹ'으로 된다

Rajin ⟨ra-jin⟩ (라진); ribut ⟨ri-but⟩ (리붓)

G: 'ㄱ'으로 된다

Gigi ⟨gi-gi⟩ (기기); gelisah ⟨ge-li-sah⟩ (겔리샇)

S: 'ㅅ'으로 된다

Santai ⟨san-ta-i⟩ (산따이); supir ⟨su-pir⟩ (수피ㄹ)

H: 'ㅎ'으로 된다

Himbau ⟨him-ba-u⟩ (힘-바우); hutan ⟨hu-tan⟩ (후딴)

T: 'ㄸ'으로 된다

Teman ⟨te-man⟩ (떼만); titip ⟨ti-tip⟩ (띠띱)

J: 'ㅈ'으로 된다

　　Jelita ⟨jelita⟩ (젤-리-따); juta ⟨ju-ta⟩ (주-따)

V: 'ㅂ'으로 된다

　　Vokal ⟨vo-kal⟩ (보-깔)

K: 'ㄲ'으로 된다

　　Kamus ⟨ka-mus⟩ (까무ㅅ); kuku ⟨ku-ku⟩ (꾸-꾸)

W: '와'으로 된다

　　Wanita ⟨wa-ni-ta⟩ (와니-따);
　　wisata ⟨wi-sa-ta⟩ (외-사-따)

L: 'ㄹ'으로 된다

　　Lama ⟨la-ma⟩ (라마); lima ⟨li-ma⟩ (리-마)

Y: '이'으로 된다

　　Yoyo ⟨yo-yo⟩ (요요); ya (야)

M: 'ㅁ'으로 된다

　　Minum ⟨mi-num⟩ (미-눔); makan ⟨ma-kan⟩ (마깐)

Z: 'ㅈ'으로 된다

　　Zebra ⟨ze-bra⟩ (제-브라)

Bandara Udara _ 공항

Bandara udara	공항	Pilot	파이럿
반다라 우다라	gong hang	빠리롯	pha i leot
Pesawat Terbang	비행기	Paspor	여권
쁘사왓 뜨르방	bi haeng gi	빠스포ㄹ	yeo gwon
Pramugari	승무원	Tujuan	목적지
쁘라무가리	seung mu won	뚜주안	mok jeok ji

Penerbangan Internasional 　 　 　 국제선
쁘느ㄹ방안 인뜨ㄹ나시오날 　 　 　 gug je seon

Penerbangan domestik 　 　 　 국내선
쁘느ㄹ방안 도메스띡 　 　 　 gug nae son

Tiket Pesawat Terbang 　 　 　 항공권
띠껫 쁘사왓 뜨ㄹ방 　 　 　 hang gong gwon

Prosedur naik pesawat 　 　 　 수속하다
쁘로세두ㄹ 나익 쁘사왓 　 　 　 su sok ha da

Naik Pesawat / Boarding 　 　 　 탑승하다
나익 쁘사왓 / 보르딩 　 　 　 thab seung ha da

Berangkat	출발하다	Bagasi	수하물	**Bandara Udara**
브랑깟	chul bal ha da	바가시	su ha mul	
Tiba / Sampai	도착하다	Melapor	신고하다	
뜨바 / 삼빠이	do chak ha da	믈라뽀ㄹ	sin go ha da	
Tempat duduk	좌석			
뜸빳 두둑	chwa seok			

Taksi _ 택시

Taksi 탁시	택시 thaek si	Jalan terus 잘란 뜨루ㅅ	직진 jik jin
Supir 수삐ㄹ	기사 gi sa	Belok kiri 벨록 끼리	좌회전 cwa hwe jeon
Macet 마쯧	막히다 mak hi da	Belok kanan 블록 까난	우회전 u hwe jeon
Argo 아르고	아르고 a reu go	Putar balik 뿌따ㄹ 발릭	유턴 yu theon
Ongkos 옹꼬ㅅ	비용 bi yong	Lalu lintas 랄루 린따ㅅ	교통 gyo thong

Jalan penyeberangan
잘란 쁘예브랑안
횡단보도
hweng dan bo do

Jembatan penyeberangan
즘바딴 쁘예브랑안
육교
yuk gyo

Cepat-cepat
쯔빳 쯔빳
빨리해 주실래요
bbal li hae ju sil lae yo

| Hati-hati 조심해 주실래요 | Arah 방향 | Taksi
|---|---|
| 하띠 하띠 | 아라ㅎ bang hyang |
| jo sim hae ju sil le yo | |

Kendaraan Umum _ 대중교통

Supir 수뻬ㄹ	운전기사 un jeon gi sa	Asuransi 아수란시	보험 bo heom
Pengendara 뼁은다라	운전자 ; 기사 un jeon ja; gi sa	Pajak 빠작	세금 se geum
Helm 헬음	헬멧 hel met	Polisi 뽈리시	경찰관 gyeong chal gwan

Kendaraan umum 대중교통
끈다라안 우뭄 dae jung gyo thong

Angkutan umum 대중교통
앙꾸딴 우뭄 dae jung gyo thong

Tarif 비율에 따라 적용되는 요금
따맆 bi yul e ta ra jeok yong dwe neun yo geum

Rambu-rambu lalu lintas 교통 표지판
람부 람부 랄루 린따ㅅ gyo thong pyo ji phan

Peraturan 규정 / 원칙
쁘라뚜란 gyu jeong / won chik

Denda 벌금 ; 과태료
든다
  beol geum; gwa thae ryo

Kendaraan Umum

Trotoar 도로의 인도 ; 보도
뜨로또아ㄹ   do ro eui in do; bo do

Pemakai jalan 길을 사용하는 사람들
쁘마까이 잘란   gil eul sa yong ha neun sa ram deul

Melanggar (법률, 규칙을) 어기다 ; 위배하다
믈랑가ㄹ
  (beob ryul, gyu chik eul) eo go da; wi bae ha da

Bank _ 은행

Bank 은행
방 eun haeng

Pegawai Bank 은행원
쁘가와이 방 eung haeng won

Nasabah 고객
나사바ㅎ go gaek

Buku Tabungan 통장
부꾸 따붕안 thong jang

Rekening 계좌
르끄닝 gye jwa

Menyetor Uang 입금하다
믄으또르 우앙 ib geum ha da

Mengambil uang 출금하다
믕암빌 우앙 chul geum ha da

Transfer Uang 송금하다
뜨란ㅅ프르 우앙 song geum ha da

Valuta Asing 외환
발루따 아싱 hwe hwan

ATM 자동입출금기
아떼엠 ja dong ib chul geum gi

Kartu kredit 신용카드
까ㄹ뚜 끄레딧 sin yong kha teu

Menukarkan Uang 환전하다
므누까ㄹ깐 우앙 hwan jeon ha da

Nilai tukar / nilai kurs 환율
닐라이 뚜까ㄹ / 닐라이 꾸ㄹㅅ hwan yul

No pin	비밀 번호	**Pecahan** 조작, 부분, 파편	
노므르 삔	bu mil beon ho	쁘짜한	
		jo jak, bu bun, pha phyeon	
Komisi	수수료	**Slip**	전표
꼬미시	su su ryo	슬맆	jeon phyo
Kartu identitas	신분증	**Uang minimal** 최소량 비용	
까ㄹ뚜 이덴띠따ㅅ	sin bun jeung	우앙 미니말	
		chwe so ryang bi yong	
Jumlah total	총액		
줌라ㅎ 또따ㄹ	chung aek		

Restoran _ 식당

Restoran 레ㅅ또란	레스토랑 re seu tho rang	**Bungkus** 붕꾸ㅅ	싸다 ssa da
Rumah makan 루마ㅎ 마깐	식당 sik tang	**Waralaba** 와랄라바	독점 판매권 dok jeom phan mae gwon
Pesan 쁘산	주문 ju mun	**Cita rasa** 찌따 라사	맛 ; 취향 mat; chui hyang
Ganti 잔띠	바꾸다 ba ggu da	**Saus sambal** 사우ㅅ 삼발	매운 양념류 mae un yang nyeom ryu
Pengunjung 뿡운중	방문객/고객님 bang mun gaek/ go gaek nim	**Mangkok** 망꼭	그릇 ge reut
Pelayan 쁠라얀	웨이터 we i theo	**Jeruk nipis** 즈룩 나삐ㅅ	라임 ra im
Tukang masak 뚜깡 마삭	요리사 yo ri sa	**Wastafel** 와ㅅ따뻴	싱크대 sing khew dae
Kasir 까시ㄹ	출납원 chul nab won	**Kamar kecil** 까마ㄹ 끄찔	화장실 hwa jang sil
Bumbu masak 붐부 마삭	양념 yang nyeom		

Hotel/Villa _ 호텔/빌라

Hotel 호텔	호텔 ho thel
Check out 첵 아웃	체크아웃 che kheu a ut
Tarif sewa kamar 따맆 세와 까마ㄹ	숙박비 suk bak bi
Kamar 까마ㄹ	방 bang
Restoran 레ㅅ또란	식당 / 레스토랑 sik dang / re seu tho rang
Barang berharga 바랑 브ㄹ하ㄹ가	귀중품 gwi jung pum
Memesan 므므산	예약하다 ye yak ha da
Morning call 모닝콜	모닝콜 mo ning khol
Laundry 라운드리	세탁하다 se thak ha da
Lift 리프트	엘리베이터 el li be i theo
AC 아쩨	에어컨 e eo kheon
Tip 띺	팁 thip

Mendaftar masuk (check-in) 믄닾따ㄹ 마숙 (첵인)	체크인 che kheu in
Resepsionis / front desk 르셒시오니ㅅ / 프론뜨 데ㅅ끄	프런트 pheu reon theu

Agama _ 종교

Agama	종교	Doa	기도
아가마	Jong gyo	도아	gi do

Kepercayaan 신념 ; 확신
끄쁘ㄹ짜야안
    sin nyeom; hwak sik

Berdoa 기도하다
브ㄹ도아 gi do ha da

Percaya 믿다 ; 신뢰하다
쁘ㄹ짜야
    mid ta; sin lwe ha da

Sholat 무슬림의 기도
솔랏   mu seul lim eui gi do

Ibadah   신의 계명을 이행하는 / 따르는 행위
이바다ㅎ   sin eui gye myeong eul i haeng ha neun /
                   ta reu neun haeng wi

Beribadah   계율대로 행동하다
브ㄹ이바다ㅎ   gye yul dae ro haeng dong ha da

Solat magrib   저녁 시간 기도 ;
솔랏 마그립   (회교도의) 해지는 무렵의 기도 ; 일몰기도
    jeo nyeok si gan gi do; (hwe gyo do eui)
hae ji neun mu ryeob eui gi do; il mul gi do

Yesus   예수님 ; 예수 그리스도
예수ㅅ   ye su nim; ye su geu ri seu to

Agama

Puasa 뿌아사	금식을 하다 geum sik eul ha da	Alkitab 알끼땁	성경 seong gyeong
Salib 살립	십자가 ; 열십자 표시 sib ja ga; yeol sib ja phyo si	Mesjid 메스짓	이슬람의 사원 i seul lam eui sa won
Hari raya 하리 라야	명절 ; 경축일 myeong jeol; gyeong chuk il	Gereja 그레자	교회 gyo hwe

Klenteng   신전 ; 인도네시아 불교인들의 사원
끌른뗑
    sin jeon; in do ne si a bul gyo in deul eui sa won

Alquran   코오란 ; 이슬람의 성전 / 경전
알 쿠ㄹ안
    kho o ran; i seu lam eui seong jeon / gyeong jeon

Candi   힌두교 혹은 불교 사원
짠디
    hin du gyo hok eun bul gyo sa won

Dosa   (종교, 도덕상의) 죄 ; 죄악
도사
    (jong gyo, do deok sang eui) chwe; chwe ak

Pasar _ 시장

Pasar 빠사ㄹ	시장 Si jang	Pelanggan 쁠랑간	고객 go gaek
Penjual 쁜주알	판매자 phan mae ja	Murah 무라ㅎ	싼 ssan
Pedagang 쁘다강	상인 sang in	Mahal 마할	비싼 bi ssan
Pembeli 쁨벨리	구매자 gu mae ja	Eceran<-an> 에쎄란 〈안〉	소매 so mae
Kulakan 꿀라깐	판매 phan mae	Setengah baya 스뜽아ㅎ 바야	중년 jung nyeon
Laris 라리ㅅ	많이 팔다 manh i phal da	Langganan 랑가난	고객 ; 단골손님 go gaek; dan gol son nim

Makanan ringan 간단한 식사 ; 간식
마까난 링안   gan dan han sik sa gan sik

Jajanan pasar 시장 길거리 음식
자자난 빠사ㄹ   si jang gil geo ri eum sik

| Santan | 야자유 | Bahan pangan | 음식; 음식물 |
산딴 | ya ja yu | 바한 빵안 | eum sik; eum sik mul

Ditaburi 뿌리다
디따부리 bbu ri da

Jajanan 군것질 류; 스낵
자자난 gun geot jil ryu; seu naek

Parutan 야자가루
빠루딴 ya ja ga ru

Kebutuhan pokok 기본수요
끄부뚜한 뽀꼭 gi bun su yo

Hewan/Hutan _ 동물/숲

Hewan 동물
해완 dong mul

Hutan 숲
후딴 Sub

Menjelajahi 탐험하다
믄즐라자히 tham heom ha da

jelajah 탐험하다 ; 답사하다
젤라자ㅎ tham heom ha da; dab sa ha da

Hutan belantara 정글
후딴 블란따라 jeong geul

Memotret 사진 찍다
므모뜨렛 sa jin jjik da

Binatang buas 사나운 동물
브나땅 부아ㅅ sa na un dong mul

Binatang langka 희귀한 동물
비나땅 랑까 hwe gwi han dong mul

Potret; Foto 사진 ; 상, 그림
뽀뜨렛; 뽀또 sa jin; sang, geu rim

Mempelajari 공부하다
음뻴라자리 gong bu ha da

Pelajar 학생
뻴라자ㄹ hak saeng

Satwa/Hewan 동물
삿와/해완 dong mul

Terancam 위험당하다
뜨란짬 wi heom dang ha da

Punah 단절된
뿌나ㅎ dan jeol dwen

Hewar/Hutar

Perubahan	변화	Daerah	지역
쁘루바한	byeon hwa	다에라ㅎ	ji yeok
Perburuan liar	사냥감	Kepulauan	군도 ; 도서
쁘ㄹ부루안 리아ㄹ	sa nyang gam	꼬뿔라우안	gun do; do seo
Liar	야생	Penjuru	모서리
리아ㄹ	ya saeng	쁜주루	mo seo ri
Luas	넓은	Spesies	종
루아ㅅ	neolb eun	스페시에ㅅ	jong

Perluasan daerah 넓힘 ; 확장
쁘ㄹ루아산 다에라ㅎ neolb him; hwak jang

Kerja _ 일

Jam kerja   업무시간
잠 끄르자   eom mu si gan

Gaji / Upah   봉급
가지 / 우빵   bong geub

Lembur   야근
름부ㄹ   yageun

Gaji   월급
가지   Wol geub

Jam masuk kerja   출근 시간
잠 마숙 끄르자   chul geun si gan

Jam pulang kerja   퇴근 시간
잠 뿔랑 끄르자   thwe geun si gan

Waktu istirahat   휴식 시간
왁뚜 이ㅅ따라핫   hyu sik si gan

Waktu makan siang   점심 시간
와뚜 마깐 시앙   jeom sim si gan

Cuti   공식적인 휴가를 떠나다
쭈띠   gong sik jeok in hyu ga reul to na da

Pelecehan seksual di tempat kerja 직장 내의 성희롱
쁠레쩨한 섹수알 디 뜸빳 끄르자
jik jang nae eui seong hwe rong

Kerja

Rapat	회의
라빳	hwe eui

Hari libur	휴가
하리 리부ㄹ	hyu ga

Perhotelan	환대
쁘ㄹ호뗄란	hwan dae

Petugas 업무 수행자 ; 직원
쁘뚜가ㅅ eob mu su haeng ja; jik won

Pabrik	공장
빠브릭	gong jang

Profesi	직업 분야
프로페시	jik eob bun ya

Bidang 분야 ; 여러 갈래로 나누어진 범위나 부분
비당
bun ya; yeo reo gal lae ro na nu eo jin beom wi na bu bun

Deskripsi pekerjaan 직업 설명
드수끄립시 쁘끄ㄹ자안 jik eob seol myeong

Uang lembur 초과 근무 수당
우앙 름부ㄹ cho gwa geun mu su dang

Waktu luang 여가시간 ; 자유시간
왁뚜 루앙 yeo ga si gan; ja yu si gan

Rumah Sakit _ 병원

Rumah sakit 루마ㅎ 사낏	병원 Byeong won	**Pil** 삘	환약 hwan yak
Racik 라찍	혼합하다 hon hab ha da	**Kapsul** 깝술	캡슐 khaeb syul
Obat 오밧	약 yak	**Tablet** 따블렛	알약 al yak
Sirup 스룹	물약; 시럽 mul yak; si reob	**3x sehari** 띠가 깔리 스하리	하루에 3번씩 ha ru e se(3) beon ssik

Ruang Tunggu
루앙 뚱구
대기실, 대합실
dae gi sil, dae hab sil

Resep
르셉
약 처방; 약 처방전
yak jeo bang; yak jeo bang jeon

Kasir
까시ㄹ
(은행, 상점, 호텔 등의) 출납원
(eun haeng, sang jeom, ho thel deung eui) chul nab won

Dokter THT
독뜨ㄹ 떼 하 떼
이비인후과 의사
i bi in hu gwa eui sa

Dokter anak 소아과 의사	Bius 마취약
독뜨ㄹ 아낙　so a gwa eui sa	비우ㅅ　ma chwi yak

Dokter mata　안과의사
독뜨ㄹ 마따　an gwa eui sa

Cek Darah　혈액검사
쩩 다라ㅎ　hyeol aek geom sa

Larangan　금지령
라랑안　geum ji ryeong

Rutin　일상의 관정 / 일의
루띤　il sang eui gwa jeong /
　　　　　　　　　　il eui

Periksa　(건강) 검진하다
쁘릭사
　(geon gang) geom jin ha da

Penyakit ginjal　신장병
쁘야낏 긴잘　sin jang byeong

Dokter kandungan　산부인과 의사
독뜨ㄹ 깐둥안　san bu in gwa eui sa

Dokter kulit　피부과 전문의사
독뜨ㄹ 꿀릿　phi bu gwa jeon mun eui sa

Unit Gawat Darurat　(병원) 응급실
유닛 가왓 다루랏　(byeong won) eung geub sil

Infus　혈관을 통한 약물 주입
인푸ㅅ　hyeol gwann eul thong han yak mul ju ib

Suntik　주사하다 ; 주사를 놓았다
순딱　ju sa ha da; ju sa reul noh at da

Salep 살릅	연고 yeon go	**Begadang** 브가당	밤새우다 bam sae u da
Rekan 르깐	동료 ; 직장동료 dong ryo; jik jang dong ryo	**Jago** 자고	아주 잘한다 ; 전문가 a ju jal han da; jeon mun ga
Lembur 름부ㄹ	야근 ya geun		

Ambil darah
암빌 다라ㅎ   혈액샘플을 채취하다
hyeol aek saem pheul eul chae chwe ha da

Cuci darah
쭈찌 다라ㅎ   (특히 신장병 환자의) 투석
(theuk hi sin jang byeong hwan ja eui) thu seok

Darah rendah / tinggi
다라ㅎ 른다ㅎ / 띵이   저혈압 / 고혈압
je hyeol ab / go hyeol ab

Kencing manis / diabetes
끈찡 마니ㅅ / 디아베떼스   당뇨
dang nyo

Tuntutan kerja
뚠뚯딴 끄ㄹ자   요구 시 작업
yo gu si jak eob

Minum-minum
미눔-미눔   술(한 잔) ; 술을 마시다
sul(han jan); sul eul ma si da

Sekolah _ 학교

Sekolah

Sekolah 스꼴라ㅎ	학교 hak gyo	IPA 이빠	자연과학 ja yeon gwa hak
Kantin 깐띤	학교의 매점 hak gyo eui mae jeom	IPS 이뻬에스	기술과학 gi sul gwa hak
Ruang kelas 루앙 끌라ㅅ	교실 gyo sil	Bahasa 바하사	언어 eon o
Wali Kelas 왈리 끌라ㅅ	담임교사 dam im gyo sa	Dokumen 더꾸멘	서류 ; 문서 seo ryu; mun seo
Rapot 라뽓	성적표 seong jeok phyo	Jenius 즈니우ㅅ	천재 cheon jae

Ruang Seni　　　　　　 예술을 배우고 사용되는 방
루앙 스니　　 ye sul eul bae u go sa yong dwe neun bang

Ruang musik　　　　　 악기를 배우고 사용되는 방
루앙 무식　 ak gil reul bae u go sa yong dwe neun bang

Rapotan　　　　　　　　 학교에 성적표를 받다
라뽀딴　　　 hak gyo e seong jeok phyo reul bad da

Uang sekolah 우앙 스꼴라ㅎ	학비 hak bi	Semester 스메스뜨ㄹ	학기 gak ki
Matematika 마뜨마띠까	수학 su hak	Juara 주아라	최고 우등생 cwe go u deung saeng
Universitas 우니프ㄹ시따ㅅ	대학교 dae hak gyo	Beasiswa 베아시ㅅ와	장학금 jang hak geum

Pariwisata 휴양지, 리조트 ; 관광
빠리위사따 hyu yang ji, ri jo theu; gwan gwang

Taman Kanak-kanan (TK) 유치원
따만 까낙-까낙 (떼까) yu chi won

Sekolah Dasar (SD) 초등학교
스꼴라ㅎ 다사ㄹ cho deung hak gyo

Sekolah Menengah Pertama (SMP) 중학교
스꼴라ㅎ 므능아ㅎ 쁘ㄹ따마 (에ㅅ엠뻬) jung hak gyo

Sekolah Menengah Atas (SMA) 고등학교
스꼴라ㅎ 므능아ㅎ 아따ㅅ(에ㅅ엠 아) go deung hak gyo

Belanja _ 쇼핑

Toko 또꼬	상점 ; 가게 sang jeom; ga ge	Diskon 디ㅅ껀	할인 hal lin

Supermarket 슈퍼마켓
수쁘ㄹ마ㄹ껫 syu pheo ma khet

Ukuran 치수
우꾸란 chi su

Grosir 도매상
그로시ㄹ do mae sang

Ukur 치수 ; 계량 ; 측량
우꾸ㄹ chi su; gye ryang; cheuk ryang

Mal 백화점 ; 보행자 전용 상점가 ; 쇼핑센터
멀 baek hwa jeom; bo haeng ja jeon yong sang jeom ga; syo phing sen theo

Pertokoan 가게들의 밀집된 곳 ; 상가
쁘ㄹ또꼬안 ga ge deul eui mil jib dwen got; sang ga

Grosiran 도매상으로 파는 가게
그러시란 do mae sang eu ro pha neun ga ge

Cuci Gudang 클리어런스 세일 ; 염가 처분 판매
쭈찌 구당 geul li eo reon seu se il; yeom ga cheo bun phan mae

Tawar 가격을 깎다
따와ㄹ ga gyeok eul kkakk ta

Harga pas 정거
하ㄹ가 빠ㅅ jeong geo

Tukar 바꾸다 ; 교환하다
뚜까ㄹ ba ku da;
gyo hwan ha da

Kupon 쿠폰
꾸폰 khu phon

Kekecilan 너무 작다
끄끄찔란 neo mu jak da

Pas (Cocok) 적합하다 ; 알맞다
빠ㅅ (쩌쩍) jeok khab ha da; al maj da

Kecil 작다
끄찔 jak ta

Kebesaran 너무 크다
끄브사란 neo mu kheu da

Besar 크다 ; 작지 않다
브사ㄹ kheu da; jak ji anh da

Tempat Ganti 갱의실
뜸빳 간띠 gaeng eui sil

Pantai _ 바다

Berjemur　　　　햇볕을 쬐다
브르즈무르
　　　haet byeol eul jjwe da

Terbakar　　　화재가, 타고 있는
뜨르바까르
　　　hwa jae ga, tha go it neun

Oles　　　　　－에 바르다
올레ㅅ　　　　-e ba reu da

Tersengat　　찔리다, 쏘이다
뜨르승앗　　jjil li da, sso i da

Jalan-jalan　　산책하다
잘란-잘란　　san chaek ha da

Sewa　　　　　임대
세와　　　　　im dae

Pesisir pantai　　해변
쁘시시ㄹ 빤따이　hae byeon

Indah　　　　아름다운
인다ㅎ　　　a reum da un

Elok　　　　아름다운
엘록　　　　a reum da un

Pakaian renang　수영복
빠까이안 르낭　su yeong bok

Kacamata renang　물안경
까짜마따 르낭　mul an gyeong

Handuk　　　수건
한둑　　　　su geon

Air asin　　바다 물
아일 아신　　ba da mul

Sun Lotion　　　　자외선 방지 크림
산 로시은　　ja we seon bang ji kheu rim

Salon Rambut _ 미용실

Salon 방;실
살론 bang; sil

Potong 자르다
뽀똥 ja reu da

Keriting 고수머리의
끄리띵 go su meo ri eui

Warnai −에 색을 칠하다
와ㄹ나이 -e saek eul chil ha da

Cuci rambut 머리를 감다
쭈찌 람붓 meo ri reul gam da

Blow 드라이
블로 deu ra e

Pengeringrambut 드라이어
뻥으링람붓 deu ra i eo

Keramas 샴푸로 머리를 감다
끄라마ㅅ syam phu ro meo ri reul gam da

Khasiat 특효;특성
카시앗 theuk hyo; theu seong

Kependekan 약어;축어
끄뻰데깐 yak keo; chuk keo

Kupon 쿠폰
꾸뽄 khu phon

Spray 헤어 스프라이
슢라이 he o seu peu ra i

Sutra 실크
숫라 sil kheu

Manfaat 유용;효용
만파앗 yu yong; hyo yong

Bahan 물질;재료
바한 mul jil; jae ryo

Lidah buaya 알로에
리다ㅎ 부아야 al lo e

Tubuh _ 몸

alis mata	눈썹	janggut	턱수염
알리ㅅ마따	nun ssoeb	장굿	ttoek su yoem
kelopakmata	눈꺼풀	lengan	팔
꼴로빡마따	nun kkeo phul	릉안	phal
pipi	뺨	ketiak	겨드랑이
삐삐	pyam	끄띠악	kyoe deu ran gi
bibir	입술	jari tangan	손가락
비비ㄹ	ib sul	자리 땅안	son ga rak
gusi	잇몸	kuku	손/발톱
구시	it mul	꾸꾸	son/bal tob
kerongkongan	목구멍	jari telunjuk	집게손가락
꼬렁꽁안	mok gu meong	자리 뜰룬죽	jib ke son ga rak
leher	목	jari malang	중지
레헤ㄹ	mok	자리 말랑	jung ji
pergelangan tangan			손목
쁘ㄹ글랑안 땅안			son mok

jari kelingking 자리 끌링낑	새끼손가락 sae kki son ka rak	arteri 아ㄹ뜨리	동맥 dong maek
dada 다다	가슴 ga seum	jantung 잔뚱	심장 sim jang
perut 쁘룻	배(복부) bae (bok bu)	jari manis 자리 마니ㅅ	무명지 mu myeong ji
pinggang 삥강	허리 heo ri	jari kaki 자리 까끼	발가락 bal ga rak
lutut 루뚯	무릎 mu reub	buah dada 부아ㅎ 다다	유방 yu bang
tumit 뚜밋	발꿈치 bal kkum chi	punggung 뿡궁	등, 척추 deung, jeol chu
kemaluan 끄말루안	음부 Eum bu	pinggul 삥굴	허리 heori
zakar 자까ㄹ	남자 성기 nam ja seong gi	kaki 까끼	다리 da ri
usus 우수ㅅ	장, 내장 jang, nae jang	pergelangan kaki 쁘ㄹ글랑안 까끼	발목 bal mok
jerawat 즈라왓	여드름 yeo deu reum	dubur 두부ㄹ	항문 hang mun
darah 다라ㅎ	피 phi	buah zakar 부아ㅎ 자까ㄹ	불알 bul al

kulit	피부	pusar	배꼽
꿀릿	phi bu	뿌사ㄹ	bea kkob

bintik-bintik hitam	주근깨	otot	근육
빈띡-빈띡 히땀	ju geun kkae	어떳	geun yuk

tulang	뼈	empedu	쓸개
뚤랑	pyeo	음쁘두	sseul gae

hati	간	perut	배, 위장
하띠	gan	쁘룻	bae, wi jang

paru-paru	허파	usus buntu	맹장
빠루-빠루	ho pha	우수ㅅ 분뚜	maeng jang

ginjal	신장	pantat	엉덩이
긴잘	sin jang	빤땃	eongdeong i

Rumah _ 집

Rumah 루마ㅎ	집 jib	pintu 삔뚜	문 mun
gedung 그둥	건물 geong mul	dinding 딘딩	벽 byeok
pintu gerbang 삔뚜 그ㄹ방	대문, 정문 dae mun, jang mun	kamar 까마ㄹ	방 bang
jendela 즌델라	창문 jang mun	kamar tidur 까마ㄹ 띠두ㄹ	침실 chim sil
langit-langit kamar 랑잇-랑잇 까마ㄹ	천장 jeon jang	kamar mandi 까마ㄹ 만디	욕실 yok sil
lantai 란따이	마루 ma ru	kamar kerja 까마ㄹ 끄ㄹ자	서재 seo jae
kamar tamu 까마ㄹ 따무	거실 go sil	tempat tidur 뜸빳 띠두ㄹ	침대 chim dae
kamar makan 까마ㄹ 마깐	식당 sik dang	kursi 꾸ㄹ시	의자 ui ja
apartemen 아빠ㄹ뜨멘	아파트 a pha theu	lemari pakaian 르마리 빠까이안	옷장 ot jang

lemari es 르마리 에ㅅ	냉장고 naeng jang go	piring 삐링	접시 jeob si
dapur 다뿌ㄹ	부엌 bu ok	pisau 삐사우	칼 khal
perkakas 쁘ㄹ까까ㅅ	가구 ga gu	garpu 가ㄹ뿌	포크 pho kheu
permadani 쁘ㄹ마다니	융단, 카펫 yong dan, kha phet	cawan 짜완	잔 jan
kamar kecil 까마ㄹ 끄찔	화장실 hwa jang sil	halaman 할라만	뜰 ddeul
selimut 슬리뭇	담요 dam yo	sofa 소파	소파 so pha
meja 메자	책상 chek sang	sendok 센덕	숟가락 sud ka rak
lemari buku 르마리	책장 check jang	sumpit 숨뼷	젓가락 cheot ka rak
mesin cuci 므신 쭈찌	세탁기 set tak ki	cangkir 짱끼ㄹ	잔 jan
lampu 람뿌	전등 jeon deung	kebun 끄분	정원 jeong won
perkakas dapur 쁘ㄹ까까ㅅ 다푸ㄹ	주방기구 ju bang gi gu	atap 아땁	지붕 jibung

Rumah

47

Waktu _ 시간

waktu	시간	bulan depan	내 달
왁뚜	si gan	불란드빤	nae dal
pagi	아침, 오전	tahun ini	금년
빠기	a chim, o jeon	따훈 이니	geum nyeon
sore	오후, 이른 저녁	siang	낮, 주간
소레	o hu, I reun jeo nyeok	시앙	nat, ju gan
hari ini	오늘	malam	밤, 저녁
하리 이니	o neul	말람	bam, jo nyeok
kemarin	어제	besok	내일
끄마린	o je	베석	nae il
kemarin dulu	그저께	lusa	모레
끄마린 둘루	geu jeo kke	루사	mo rae
minggu ini	금주	tiga hari lalu	그끄저께
밍구 이니	geum ju	띠가 하리 랄루	geu kkeu jeo kke
minggu lalu	지난주	minggu depan	다음주
밍구 랄루	ji nan ju	밍구 드빤	da eum ju

Waktu

bulan ini	이번달	tahun lalu	작년
불란 드빤	I beon dal	따훈랄루	jang nyeon
bulan lalu	지난 달	tahun kabisat	윤년
불란 랄루	ji nan dal	따훈 까비삿	yun nyeon
tahun depan	내년		
따훈드빤	nae nyeon		

Kelezatan _ 맛

kelezatan 끌르자딴	맛 mat	manis 마니ㅅ	단 dan
pahit 빠힛	쓴 sseun	asam 아삼	신 sin
asin 아신	짠 jjan	segar 스가ㄹ	신선한 sin seon han
tawar 따와ㄹ	싱거운 sing geo un	gurih 구리ㅎ	고소한 go so han
enak 에낙	맛있는 mat I neun		

Perasaan _ 감각

perasaan 쁘라사안	감각 gam gak	sentosa 슨또사	평화로운 phyeong hwa ro un
sakit 사낏	아픈 a pheun	sejahtera 스자ㅎ떼라	평온한 phyeong on han
capai / lelah 짜빠이 / 를라ㅎ	지친, 피곤한 ji chin, phi gon han	dingin 딩인	추운 chu un
kantuk 깐뚝	졸린 jul rin	sedih 스디ㅎ	슬픈 seul pheun
pening 쁘닝	어지러운 o ji ro un	sehat 세핫	건강한 geon gang han
takut 따꿋	겁나는, 무서운 gom ba neun, mu seo un	letih / penat / capai 레띠ㅎ / 쁘낫 / 짜빠이	피곤한 phi gon han
gembira 금비라	기쁜 gi peun	bingung 빙웅	당황하는 dang hwang ha neun
heran 헤란		놀라운, 당황하는 nol la un, dang hwang ha neun	

khawatir 카와띠ㄹ	걱정되는 geok jeong dwe neun	**puas** 뿌아ㅅ	만족한 man jok han
kaget / kejut 까겟 / 께줏	깜짝 놀라는 kkam cak nol la neun	**bebas** 베바ㅅ	자유로운 jay u ro un
girang 기랑	기쁜, 즐거운 gi ppeun, jeul geo un	**panas** 빠나ㅅ	더운 do un
senang 스낭	즐거운 jeul geo un	**bahagia** 바하기아	행복한 haeng bok han

pusing 뿌싱 — 현기증 나는 / 머리 아프다 hyeon gi jeung na neun / meoro a pheu da

aman 아만 — 안전한 / 평화로운 an jeon han / phyeong hwa ro un

Olahraga _ 운동

olahraga 운동 / 스포츠
올라ㅎ라가
un dong / seu pho che

sepak bola 축구
세빡 볼라 chu ku

sepak takraw 세팍 타크로
세빡 따크라우 se phak tha kheu ro

bulu tangkis 배드민턴
불루 땅끼스 bae deu min theon

bola basket 농구
볼라 바스껫 nong gu

tenis 테니스
떼니스 te ni seu

mendaki gunung 등산
멘다끼 구눙 deung san

tenis meja 탁구
떼니스 메자 tak ku

bola volley 배구
볼라 폴리 bae gu

hoki 하키
허끼 ha ki

taekwondo 태권도
떼꿘도 tae kwon do

menembak 사격
므넴박 sa gyeok

boling 볼링
볼링 bol ling

angkat besi 역도
앙깟 브시 yeok do

baseball 야구
베이스볼 ya gu

panahan 양궁
빠나한 yang gung

gulat	레슬링	anggar	펜싱
굴랏	re seul ling	앙가ㄹ	phen sing
lompat tinggi	높이뛰기	senam	체조
롬빳 띵기	nop i twi gi	스남	che jo
memancing	낚시	ski	스키
메만찡	nak si	스끼	se ki
atletik	육상	tinju	권투
앗렛떡	yuk sang	띤주	kweon tu
bola tangan	핸드볼	lempar martill	투포환
볼라 땅안	haen deu bol	렘빠ㄹ 마ㄹ띨	thu pho hwan
pelempar bola	크리켓트	menunggang kuda	승마
뻴렘빠ㄹ 볼라	keu ri khet theu	므눙강 꾸다	seung ma
renang	수영	berburu	사냥
르낭	su yeong	브ㄹ부루	sa nyang
judo	유도		
주도	yu do		

Keluarga _ 가족

Keluarga 끌루아르가	가족 Ga jok	Ibu tiri 이부 띠리	계모 Gye mo
Suami 수아미	남편 Nam pyeon	Bapak tiri 바빡 띠리	계부 Gye bu
Adik 아딕	동생 Dong saeng	Anak perempuan 아낙 쁘름뿌안	딸 ttal
Ayah mertua 아야ㅎ 므ㄹ뚜아	시아버지 si a boe ji	Anak bungsu 아낙 붕수	막내 Mak nae
Ibu mertua 이부 므ㄹ뚜아	시어머니 Si o moe ni	Cucu 쭈쭈	손자 Son ja
Istri 이ㅅ뜨리	아내 A nae	Anak 아낙	자녀 Ja nyo

Kakak (perempuan)
까깍 (쁘름뿌안)
누나, 언니
Nu na, on ni

Anak cucu / keturunan
아낙 쭈쭈 / 끄뚜루난
자손
Ja son

Paman, om 빠만, 옴	삼촌 Sam cheon	Nenek 네넥	할머니 Hal mo ni
Sepupu 스뿌뿌	사촌 Sa cheon	Kakek 까껙	할아버지 Hal a boe ji
Keponakan 꼬뽀나깐	조카 Jo ka	Anak sulung 아낙술룽	장남 Jang nan
Cicit 찌	증손자 Jeung son ja	Bibi, tante 비비, 딴뜨	숙모, 숙부 삼촌 Suk mo, suk bus am chon
Anak kandung 아낙 깐둥	친자식 Chin ja sik	Mertua 므ㄹ뚜아	시부모 Si bu mo
Sanak saudara 사낙 사우다라	친척 Chin cheok	Anak laki-laki 아낙 라까-라끼	아들 A del

Moyang (perempuan)
모양 (쁘름뿌안)

증조모
Jeung jo mo

Moyang (laki-laki)
모양 (라끼-라끼)

증조부
Jeung jo bu

Abang, kakak (laki-laki)
아방, 까깍 (라끼-라끼)

형
hyeong

Nenek moyang, leluhur
네넥 모양, 를루후ㄹ

조상
Jo sang

Keluarga

Ayah	아버지	Anak tiri	의부 자식
아얗	A boe ji	아낙 띠리	Uei bu ja sik

Ibu angkat	양모	Orang tua	부모
이부 앙깟	Yang mo	오랑 뚜아	Bu mo

Bapak angkat	양부	Suami istri	부부
바빡 앙깟	Yang bu	수아미 이스뜨리	Bu bu

Kedua orangtua	양친	Saudara tiri	의부 형제
끄두아 오랑 뚜아	Yang chin	사우다라 띠리	Uei bu hyeong je

Ibu	어머니	Saudara	형제
이부	Oe moe ni	사우다라	Hyeong je

Adik (perempuan)	여동생	Saudara kandung	친형
아딕 (쁘름뿌안)	Yoe dong saeng	사우다라 깐둥	Chin hyeong

Anak angkat perempuan	양녀
아낙 앙깟 쁘름뿌안	Yang nyo

Anak pungut / angkat	양자
아낙 뿡웃 / 앙깟	Yang ja

Mengendarai & Lalu lintas
운전 및 교통

Jalan tol 고속도로
잘란 똘   Go sok do rok

Mempercepat 가속하다
음뻐르쯔빳   Ga sok ha da

Peta jalan 도로지도
뻬따 잘란   Do ro ji do

Memperlambat 감속하다
음뻐르람밧   Gam sok ha da

Mengendarai & lalu lintas   운전 및 교통
메엔다라이 단 랄루 린따   Un jeon mit kyo thong

Peraturan lalu lintas   교통규칙
쁘라뚜란 랄루 린따스   Kyo thong gyu chik

Kecelakaan lalu lintas   교통사고
끄쩰라까안 랄루 린따ㅅ   Kyo thong sa go

Lampu pengatur lalu lintas   교통신호등
람뿌 쁭아뚜ㄹ랄루린따ㅅ   Kyo thong sin ho deung

Pelanggaran lalu lintas   교통위반
쁠랑가란 랄루 린따ㅅ   Kyo thong uei ban

Tanda-tanda lalu lintas   교통표지반
딴다-딴다 랄루 린따ㅅ   Gyo thong phyo ji ban

Mengendarai & Lalu lintas

Solar	경유	Tempat parkir	주차장
솔라ㄹ	Gyong yu	뜸빳 빠ㄹ끼ㄹ	Ju cha jang
Jalan lurus	직진하다	Pompa bensin	주유소
잘란 루루ㅅ	Jik jin ha da	뻠빠 벤신	Ju yu so
Garasi	차고	Kir mobil	차량검사
가라시	Cha go	끼ㄹ 모빌	Cha ryang geom. sa
Menyentuh	접촉하다	Ditabrak	충돌되다
므녠뚷	Jeob ceuk ha da	디땁락	Cheung deul dwi da
Knek	조수	Menabrak	충돌하다
그넥	Jo su	므나브락	Cheung deul ha da
Isi bensin	주유하다	Truk	트럭
이시 벤신	Ju yu ha da	뜨룩	Theu reok

Tukang becak　　　　　　　　　　　3륜자전거
뚜깡 베짝　　　　　　　　　　　sam ryun ja jeon geo

(STNK) surat tanda nomor kendaraan　차량번호증
(엣 떼 엔 까) 수랏 딴다 노머ㄹ 끈다라안　Jar yang beon ho jeung

Ganti / oper persneling　　　　　　　　변속하다
간띠 / 오쁘ㄹ 쁘ㄹ스넬링　　　　　　Byeon sok ha da

Merem, injak rem　　　　　　　　　브레이크 밟다
므렘, 인작 렘　　　　　　　　　　Be re ik ke bolb ta

Mobil pemadam 모빌 쁘마담	소방차 Soe bang cha	**Penumpang** 쁘눔빵	승객 Seung gaek
Asuransi 아수란시	보험 Bo heom	**Bis kota** 비ㅅ 꼬따	시내버스 Si nae boe se
Selip 슬맆	미끄러지다 Mi ke ro ji da	**Bensin** 벤신	휘발유 Hui bal yu
Pemutaran balik 쁘무따란 발릭	반대회전 Beon dae hui jeon	**Isi bensin** 이시 벤신	휘발유 넣다 Hui bal yu noh da
Bis, bus 비ㅅ, 부ㅅ	버스 Beos se	**Lampu sinyal** 람뿌 시날	신호등 Sin ho dong

Menghidupkan mesin
믕히둪깐 므신
시동 걸다
Si dong gol da

Mematikan mesin
므마띠깐 므신
시동 끄다
Si dong ke da

(SIM) surat izin mengemudi
(심) 수랏 이진 믕에무디
운전면허증
Un jeon myeon heo jeung

Membelok ke kanan
음벨록 끄 까난
우회전하다
U huei jeon ha da

Menyetir mobil
믄녜띠ㄹ모빌
운전하다
Un jeon ha da

Sepeda motor	오토바이	Taksi	택시
스쁘다 모또ㄹ	O tho ba i	딱시	Thaek si
Sepeda	자전거		
스뻬다	Ja jeon geo		

Pengemudi mobil; sopir
뿡으무디 모빌; 소삐ㄹ

운전사
Un jeon sa

Dilarang berbelok ke kanan
딜라랑 블벨록 끄 까난

우희전금지
U huei jeon geum ji

Mobil, kendaraan
모빌; 오또, 끈다라안

자동차 (4륜)
Ja dong cha (sa ryun)

Berjalan di sebelah kiri
브ㄹ잘란 디 스블라ㅎ끼리

좌측통행
Jwa jeuk tong haeng

Membelok ke kiri
음벨럭 끄 끼리

좌희전하다
Jwa huei jeon ha da

Mengundurkan
믕운두ㄹ깐

후진하다
Hu jin ha da

Awas _ 주의 표시

Awas 아와ㅅ	주의 표시 Hu ui phyo si
Pintu darurat 삔뚜 다루랏	비상구 Bi sang gu
Jalan buntu 잘란 분뚜	막힌길 Mak kin gil
Dilarang merokok 딜라랑 므로꼭	금연 geum yeon
Perbaikan jalan 쁘ㄹ바이깐 잘란	도로공사중 Do ro gong sa jeung

Jalan pelan-pelan 　　　　　　　　　서행하시오
잘란 쁠란-쁠란 　　　　　　　　seo haeng ha si o

Jangan berhenti disini 　　　　　　멈추지 마시오
장안 브ㄹ헨띠 다시니 　　　　　　Meom chu ji ma si o

Dilarang berputar balik 　　　반대방향 회전금지
딜라랑 브ㄹ뿌따ㄹ 발릭
　　　　　　　　Ban dae bang hyang hwi jeon geum ji

Awas ! ada mobil 　　　　　　　　　자동차 주의
아와ㅅ! 아다 모빌 　　　　　　　　Ja dong cha ju uei

Sedang diperbaiki 　　　　　　　　　　수선중
스당 디 쁘ㄹ바이끼 　　　　　　　　Su seon jung

Awas

Satu arah 일방통행
사뚜 아라ㅎ
Il bang thong haeng

Berhenti 정지
브ㄹ흔띠 Jeong ji

Hati-hati 조심
하띠-하띠 Jo sim

Dilarang parkir 주차금지
딜라랑 빠ㄹ끼ㄹ Ju cha geum ji

Jalan lurus 직진하시오
잘란 루루ㅅ Jik jin ha si o

Parkir 주차
빠ㄹ끼ㄹ Ju cha

Dilarang masuk 출입금지
딜라랑 마숙 Chul ib geum ji

Tertutup 통행금지
뜨ㄹ뚜뚭 tong haeng geum ji

40km batas kecepatan 40 제한속도
음빳 뿔루ㅎ 낄로메뜨ㄹ 바따ㅅ 끄쯔빠딴 Sa sib je hansok do

Dilarang mendahului 추월금지
딜라랑 믄다홀루이 Chu wol geum ji

Berjalan di sebelah kiri 좌측통행
브ㄹ잘란 디 스블라ㅎ끼리 Jwa cheuk thong haeng

Menyeberang di sini 횡단하시오
믄예브랑 디 시니 Hwing dan ha si o

Wisata _ 관광

paspor	여권	hotel	호텔
빠ㅅ뽀ㄹ	yo gwon	허뗄	ho thel

bandar udara 공항
반다ㄹ 우다라 gong hang

bagasi 짐
바가시 jim

formulir (신고서)양식
포ㄹ물리ㄹ (sin go seo) yang sik

loket karcis 매표소
로껫 까ㄹ찌ㅅ mae phyo so

tugu 기념비
뚜구 gi nyeom bi

visa 비자
비사 bi ja

kantor imigrasi 이민국
깐떠ㄹ이미그라시 I min guk

kebun binatang 동물원
끄분 비나땅 dong mul won

kantor turis 여행사
깐떠ㄹ 뚜리ㅅ yeo haeng sa

pusat pertokoan 쇼핑센터
뿌삿 쁘ㄹ또꼬안 syo phing sen theo

wisata / pelancongan 관광
위사따 / 쁠란쫑안 gwan gwang

peta pelancongan 관광지도
뻬따 쁠란쫑안 gwan gwang ji do

bank 방	은행 eun haeng	loket karcis 로껫 가ㄹ찌ㅅ	매표소 mae phyo so
museum 무스움	박물관 bak mul gwan	pemesanan tempat 쁘므사난 뜸빳	예약 ye yak
bioskop 비어ㅅ껖	영화관 yeong hwa gwan		

Kata Kerja _ 동사

Kata Kerja 까따 끄ㄹ자	주요 동사 Ju yo dong sa	**Mendidih** 믄디디ㅎ	끓다 Kkeulb da
Menjahit 믄자힛	깁다 Gib ta	**Mendidihkan** 믄디디ㅎ깐	끓이다 Kkeulb bi da
Memetik 므므떡	꺾다(꽃을) Kkyok ta (kot mul)	**Berjalan** 브ㄹ잘란	걷다(걸어가다) Got ta (gol lo ga da)
Melukis 믈루끼ㅅ	그리다 Ge ri da	**Memeluk** 므믈룩	껴안다 Kkyeo an da
Mengajar 믕아자ㄹ	가르치다 Ga re chi da	**Bermimpi** 브ㄹ밈삐	꿈꾸다 Kkum kku da

Membongkok / membungkuk
믐벙꺽 / 믐붕꾹
구부리다(굽히다)
Gu bu rid a (gub pi da)

Merangkak, merayap
므랑깍, 므라얖
기다(기어가다)
Gi da (gi o ga da)

Mengurus, memelihara
믕우루ㅅ, 므믈리하라
가꾸다
Ga ku da

Kata Kerja

Mencium	냄새 맡다
믄찌움	Name sae mat ta

Jatuh	넘어지다
자뚜ㅎ	Nom mo ji da

Bernyanyi	노래하다
브르바하야	No rae ha da

Terbang	날다
뜨르방	Nal da

Makan	먹다
마깐	Mok ta

Berlutut	무릎을 꿇다
브르루뜻	Mu reupp eul kkulb ta

Mengikat	묶다
믕이깟	Mok ta

Bertepuk tangan	박수치다
브르뜨뿍	Pak su chi da

Tersenyum	미소짓다
뜨르센움	Mi so jit ta

Mendorong	밀다
믄도롱	Mil da

Lapar	배고프다
라빠ㄹ	Bae go pheu da

Meniup	불다
므니웊	But ta

Belajar	배우다
블라자ㄹ	Bae u da

Menembak	쏘다
므넴박	Sso da

Menulis	쓰다(적다)
므눌리ㅅ	Sse da (jok da)

Melihat	보다
믈리핫	Bo da

Menyapu	비질하다
므나뿌	Bi jil ha da

Menyisir	빗질하다
믄예시ㄹ	Bit jil ha da

Mematahkan	부수다(쪼개다)
므마따ㅎ깐	Bu ju da (jjo hae da)

Memikirkan	생각하다	Melambai	흔들다(손을)
므미끼ㄹ깐	Saeng gak ha da	믈람바이	Heun deul da (son eul)

Memikirkan 생각하다
므미끼ㄹ깐 Saeng gak ha da

Tenggelam 빠지다 (물에)
뜽글람 pa ji da (bul e)

Mencium 뽀뽀하다
믄찌움 Po po ha da

Menangis 울다
므낭이ㅅ Ul da

Tertawa 웃다
뜨ㄹ따와 Ut ta

Menggunting 자르다
믕군띵 Ja re da

Mencat 칠하다
믄짯 Chil ha da

Mengetik 타자 치다
믕으떡 Tha ja chi da

Mencuri 훔치다
믄쭈리 Hum chi da

Melambai 흔들다(손을)
믈람바이 Heun deul da (son eul)

Mengocok 흔들다(병을)
믕오쩍 Heun deul da (byong eul)

Menjilat 핥다
믄질랏 Halt ta

Berlayar 항해하다
브ㄹ라야ㄹ Hang hae ha da

Menyapa 인사하다
므냐빠 In sa ha da

Bekerja 일하다
브끄ㄹ자 Il ha da

Melahirkan 낳다(아기를)
믈라히ㄹ깐 Nah ta (a gi reul)

Menyelam 다이빙하다
므녤람 Dai bing ha da

Bergoyang, mengayun 흔들리다
고양, 믕아윤 Heun deul li da

Kata Kerja

Meletakkan	놓다(두다)
믈르딱깐	Noh ta (du da)

Berbaring	눕다
브르바링	Nub ta

Menyeterika	다림질하다
믄예트리까	Da rim jil ha da

Menutup	닫다
므누뚭	Dat da

Tertutup	닫히다
뜨르뚜뚭	Da chi da

Berputar	돌다(회전하다)
브르뿌따르	But ta (hwi jeon ha da)

(ber)lari	달리다
(브르)라리	Dal li da

Mendengar	듣다
믄등알	Deut ta

Menjinjing	운반하다(손으로)
믄진징	Un ban ha da (son eu ro)

Mengemudi, menyupir, menyetir	운전하다
믕에무디, 믄유삐르, 믄예띠르	Un jeon ha da

Memukul	때리다
므무따르	Thae ri da

Memutar	돌리다
므무따르	Dol li da

Menyetujui	동의하다
므녜뚜주이	Dong uei ha da

Menarik	당기다
므나릭	Dang gi da

Melempar	던지다
믈렘빠르	Don ji da

Menyusul	뒤쫓다
므뉴술	Dwi jot ta

Menunggang	말 타다
므눙강	Mal tha da

Sakit	아프다
사낏	A pheu da

Berbicara 브비짜라	말하다 Mal ha da	Mencintai 믄찐따이	사랑하다 Sa rang ha da
Berenang 브레낭	수영하다 Su yeong ha da	Berdiri 브ㄹ디리	서다 Seo da
Menanam 므나남	심다 Sim da	Mencuci 믄쭈찌	씻다 Ssit ta
Berkelahi 브르껠라히	싸우다 Ssa u da	Mencicipi 믄찌찌삐	맛보다 Mat bo da
Duduk 두둑	앉다 An ta	Membenci 음븐찌	미워하다 Mi wo ha da
Membuka 음부까	열다 Yeol da	Menjadi gila 믄자디 길라	미치다 Mi chi da
Melompat 믈롬빳	뛰어넘다 Twi o nom da	Tidur 띠두ㄹ	잠하다 Jam ha da
Minum 미눔	마시다 Ma si da	Menangkap 므낭깝	잡다(붙잡다) Jab da (but jam da)
Menyentuh 믄옌뚜ㅎ	만지다 Man ji da	Suka 수까	좋아하다 Jo a ha da
Naik, memanjat, mendaki 나익, 므만잣, 믄다끼			오르다 O re da

Memberi	주다	Enak	편하다
음브리	Ju da	에낙	Phejeon ha da

Memegang	잡다(쥐다)	Menari	춤추다
므므강	Jam da (jwi da)	메나리	Chun chu da

Mengaduk	젓다	Memotong	자르다
믕아둑	Jot ta	므모똥	Ja re da

Membunuh	죽이다	Membaca	읽다
음부누ㅎ	Juk ki da	음바짜	Ilk ta

Mengoyak; sobek	찢다	Melalui	지나가다
믕오약; 소벡	Jjit ta	믈랄루이	Ji na ga da

Menggali	파다
믕갈리	Pha da

Mati, meninggal dunia 죽다
마띠, 므닝갈 두니아 Juk ta

Menendang; menyepak 차다(발로)
므는당; 므녜빡 Cha da (bal ro)

Mengerutkan dahi 찡그리다
믕에룻깐 다히 Cing geu ri da

Kata Kerja

Kata Sifat _ 형용사

Kata Sifat	형용사	Dalam	깊은
까따 시팟	hyeong yong sa	달람	Gip peun

Tumpul	무딘	Tertutup	닫힌
뚬뿔	Mu din	뜨ㄹ뚜뚭	Dad hin

Tajam	예리한	Terbuka	열린
따잠	Ye ri han	뜨ㄹ부까	Yeol lin

Besar	큰	Bengkok	휜
브사ㄹ	keun	벵꺽	Hwin

Kecil	작은	Lurus	바른
끄찔	Jak eun	루루ㅅ	Ba reun

Bersih	깨끗한	Basah	젖은
베ㄹ시ㅎ	Kkae kket han	바사ㅎ	Jeo jeun

Kotor	더러운	Panjang	긴
꼬또ㄹ	Deo reo un	빤장	gin

Dangkal	얕은	Pendek	짧은
당깔	Al eun	뻰덱	Jjalb beun

Kata Sifat

Sempit 쏌삣	좁은 Job beun	Terang 뜨랑	밝은 Bal geun
Lebar 레바ㄹ	넓은 Nolb beun	Gelap 글랖	어두운 Eo du un
Muda 무다	젊은 Jol meun	Ringan 링안	가벼운 Ga byeo un
Tua 뚜아	늙은 Neul geun	Berat 브랏	무거운 Mu geo un
Baru 바루	새로운 Sae ro un	Keras 끄라ㅅ	시끄러운 Si ke reo un
Lama 라마	오래된 O rae dwin	Lembut 름붓	부드러운 Bu de reo un
Longgar 롱가ㄹ	헐거운 Heol geo un	Mampat, penuh 맘빳; 쁘누ㅎ	꽉찬 Kkwak chan
Ketat 끄닷	단단한 Dan dan han	Kosong 꼬송	텅빈 Theong bin
Tenang 뜨낭	고요한 Go yo han	Tebal 뜨발	두꺼운 Du kkeo un
Berombak 브롬박	물결치는 Mul gyeol chineun	Tipis 띠삐ㅅ	얇은 Yalb beun

Kering 끄링	마른 Ma reun	Sulit 술릿	어려운 Eo ryeo un
Kosong 꼬송	텅빈 Theong bin	Tinggi 띵기	높은 Nop eun
Penuh 쁘누ㅎ	꽉찬 Pak chan	Rendah 른다ㅎ	낮은 Na jeun
Gemuk 그묵	뚱뚱한 Tung tung han	Panas 빠나ㅅ	뜨거운 Te geo un
Kurus 꾸루ㅅ	여윈 Yeo won	Dingin 딩인	차가운 Cha ga un
Cepat 쯔빳	빠른 pa reun	Empuk 음뿍	연한(부드러운) Yeon ban(bu de reo un)
Lambat 람밧	느린 Ne rin	Keras 끄라ㅅ	딱딱한 Ttak ttak han
Gembira 금비라	기쁜 Gi peun	Kasar 까사ㄹ	거친 Geo chun
Sedih 스디ㅎ	슬픈 Sel pheun	Halus 할루ㅅ	부드러운 Bu de reo un
Mudah 무다ㅎ	쉬운 Swi un	Kuat 꾸앗	힘센 Him sen

Kata Sifat

Lemah 르맣	약한 Yak kan	Cantik 짠띡	예쁜 Ye pun
Teratur 뜨ㄹ아뚜ㄹ	정돈된 Jeong don dwin	Jelek 즐렉	못생긴 Mot saeng gin
Berantakan 브란따깐	난잡한 Nan jab han	Pertama 쁘ㄹ따마	첫째 Chot cae
Baik 바익	좋은 Joh eun	Terakhir 뜨ㄹ아키ㄹ	마지막 Ma ji mak
Busuk 부숙	썩은 Sseok eun		

Masak-memasak, Penyedap Rasa
조리 및 조미료

Masak-memasak	조리	Menumis	기름에 볶다
마삭-므마삭	Jo ri	므누미ㅅ	Gi reum e bok ta
Mentah	날 것(생)	Mendidihkan	끓이다
믄따ㅎ	Nal got (saeng)	믄디디ㅎ깐	Kkel hi da
Membakar	굽다(불에-)	Membekukan	냉동하다
음바까ㄹ	Gub ta (bul e)	음브꾸깐	Naeng dong ha da

Penyedap Rasa / Bumbu Masak 조미료
쁘녜닾 라사 / 붐부 마삭 jo mi ryo

Menyaring; disaring 거르다
므냐링; 디사링 Geo re da

Memanggang 굽다(오븐에-)
므망강 Gub ta (o beun e)

Menyayat, mengiris tipis 얇게 자르다
므냐얏, 믕이리ㅅ 띠삐ㅅ Yalb ke ja re da

Menyangan 볶다(기름 없이)
므냥안 Bok ta(gi reul ob si)

Menanak nasi 므나낙 나시	밥짓다 Bab jit ta	Mengasinkan 믕아신깐	짜게 하다 Ca ke ha da
Mengasamkan 믕아삼깐	시게하다 Si ge ha da	Mengukus 믕우꾸ㅅ	찌다 Ci da
Memasak 므마삭	익히다 Ik ki da	Mengasap 믕아삽	훈제하다 Hun je ha da
Memotong 므모똥	자르다 Ja re da	Menggoreng 믕고렝	튀기다 Thwi gi da
Mencincang 믄찐짱	짓찔다 Jit cih da		

Memasak makanan 은식을 만들다
마삭 므마삭 Eum sikk eul man deul da

Merebus setengah matang 데치다
므르부ㅅ 스뜽아ㅎ 마땅 Te chi da

Penyedap Rasa _ 조미료

Madu   꿀
마두   kket

Lemak babi   돼지기름
르막 바비   Dwe ji gi reum

Tauco   된장
따우쪼   Dwin jang

Kecap asin   간장
께짭 아신   Gan jang

Mostar   겨자
모스따르   Gyeo ja

Mentega   마가린
믄떼가   Ma ga rin

mentega   버터
믄떼가   Bu theo

Susu bubuk   분유
수수 부북   Bun yu

Penyedap Rasa / bumbu Masak   조미료
쁘녜닾 라사 / 붐부 마삭   Jo mi ryo

Cabai / cabe   고추
짜바이 / 짜베   Go chu

Bubuk cabai / cabe   고춧가루
부북 짜바이 / 짜베   Go chu ga ru

Mayonnaise, saos selada   마요네즈
마요네스, 사오스 슬라다   Ma yo re je

Penyedap Rasa

Jahe	생강	Minyak zaitun	올리브유
자헤	Saeng gang	민약 자이뚠	Ol li be yu

Gula 설탕
굴라 Seol thang

Yogurt 요구르트
여귿 Yo gu re te

Lada, merica 후추
라다, 므리짜 Hu chu

Susu 우유
수수 U yu

Gula batu 설탕(각)
굴라 바뚜 Seol thang (gak)

Selai 잼
슬라이 jeam

Gula pasir 설탕 가루
굴라 빠시ㄹ Seol thang ga ru

Keju 치즈
께주 Chi je

Garam 소금
가람 So geum

Krim 크림
끄림 Kheu rim

Saus 소스
사우ㅅ So se

Selai kacang 피넛 버터
슬라이 까짱 Phi neot beo theo

Cuka 식초
쭈까 Sik cho

Saus tomat 토마토 케찹
사우ㅅ또맛 Tho ma tho khe chab

Susu kental manis 연유
수수 끈딸 마니ㅅ Yeon yu

Minyak goreng 튀김기름
민약 고렝 Thwi kim gi reum

Minyak selada (salad) 샐러드유
민약 슬라다 (샬랏) Sael leo de yu

Daging _ 고기

Daging 다깅	고기 종류 Go gi jong ryu	Daging kambing 다깅깜빙	양고기 Yang go gi
Daging babi 다깅 바비	돼지고기 Dwe ji go gi	Hati 하띠	간 gan
Burung puyuh 부룽 뿌유ㅎ	메추리 Me chu ri	Iga 이가	간 gan
Telur ayam 뜰루ㄹ 아얌	계란 Gye ran	Babat 바밧	양(내장) Yang (nae jang)
Daging ayam 다깅 아얌	닭고기 Dal go gi	Usus 우수ㅅ	곱창 Gob jang
Sosis 소시ㅅ	소시지 So si ji	Has dalam 하ㅅ달람	안심 An sim

Telor burung puyuh
뜰루ㄹ 부룽 뿌유ㅎ

메추리알
Me chu ri al

Daging babi hutan
다깅 바비 후딴

멧돼지고기
Met dwe ji go gi

		Daging
Ham 햄 헴　　　　　haem	Daging kelinci 토끼고기 다깅 끌린찌　Tho ki go gi	

Daging sapi　　쇠고기
다깅 사삐　　　Swi go gi

　Daging punggung; steak　　　　　　등심
　다깅 뿡궁; 스택　　　　　　　　Deung sim

　Daging kambing　　　　　　　　염소고기
　다깅 깜빙　　　　　　　　　Yeom so go gi

Sayur _ 야채

Sayur-sayuran 야채 종류
사우ㄹ-사유란
　　　　　　Ya chae jong ryu

Kentang 감자
끈땅　　　　　　Gam ja

Ubi 고구마
우비　　　　　　Go gu ma

Kacang tanah 땅콩
까짱 따나ㅎ　　　Tang khong

Terong 가지
떼롱　　　　　　Ga ji

Bawang putih 마늘
바왕 뿌띠ㅎ　　　Ma neul

Lobak 무
로박　　　　　　mu

Kecambah kacang hijau
끄짬바ㅎ 까짱 히자우
　　　　　　숙주나물
　　　　　　Suk ju na mul

Sawi putih 배추
사위 뿌띠ㅎ　　　Bea chu

Jamur 버섯
자무ㄹ　　　　　Beo seot

Kucai 부추
꾸짜이　　　　　Bu chu

Daun selada 상추
다운 슬라다　　　Sang chu

Seledri 셀러리(열대)
슬렏시　　Sel reo ri (yol dae)

Bayam 시금치(열대)
바얌　　Si geum chi (yeol dae)

Asparagus 아스파라거스
아ㅅ빠라구ㅅ　As se pa rag u se

Kubis, kol 꾸비ㅅ; 껄	양배추 Yang bae ju	**Tomat** 또맛	토마토 Tho ma tho
Bawang bombai 바왕 봄바이	양파 Yang pha	**Labu** 라부	호박 Ho bak
Jagung 자궁	옥수수 Ok su su	**Wortel** 워ㄹ뜰	홍당무 Hong dang mu
Kacang 까짱	콩 khong	**Daun bawang** 다운 바왕	파 pha
Kacang merah 까짱 메라ㅎ	강낭콩 Gang nang khong	**Peterseli** 뻬떼ㄹ셀리	파슬리 Pha seul li
Kacang kedelai 까짱 끄들레이	메주콩 Mae ju khong	**Paprika** 빱쁘리까	피망 Phi mang

Mentimun, ketimun, timun
믄띠문, 끄띠문, 띠문   오이   O i

Kacang polong; kacang kapri
까짱 뻴렁; 까짱 까쁘리   완두콩   Wan du khong

Tauge, kecambah kedelai
따우게, 끄짬바ㅎ 끄들라이   콩나물   Khong na mul

Rasa _ 맛

Rasa	맛	Enak; sedap	맛있다
라사	mat	에낙; 스닾	Ma sit ta

Berbau 냄새 나다
브ㄹ바우 Nem sea na da

Asin 짜다
아신 Ca da

Manis 달다
마니ㅅ Dal da

Dingin 차갑다
딩인 Cha gab ta

Gurih 고소하다
구리ㅎ Go so ha da

Asam 시다
아삼 Si da

Hangat 따뜻하다
항앗 Ta tet ha da

Pahit 쓰다
빠힛 Se da

Panas 뜨겁다
빠나ㅅ Te geob ta

Berbau busuk 악취 나는
브ㄹ바우 부숙 Yak chi na neun

Tidak enak 맛없다
띠닥 에낙 Mat eob ta

Asam manis 새콤달콤하다
아삼 마니ㅅ
　　Sea khom dal khom ha da

Berlemak; berminyak 느끼하다
브를르막; 브ㄹ민약 Ne ki ha da

| Pedas | 맵다 | Amis | 비리다 | Rasa |
| 쁘다ㅅ | Meb ta | 아미ㅅ | Bi ri da | |

Hambar; tawar　　　　　　　　　멋멋하다
함바ㄹ, 따와ㄹ　　　　　　　　Mit mit ha da

Buah _ 과일

Buah-buahan 부아ㅎ-부아한	과일 종류 Gwa il jong ryu	Pisang 삐상	바나나 Ba na na
Durian 두리안	두리안 Du ri an	Per 뻬ㄹ	배 bae
Strawberi 숫로베리	딸기 Ttal gi	Ceri 쩨리	버찌 Bo ci
Kesemek 끄스믁	감 gam	Persik 쁘ㄹ식	복숭아 Bok sung a
Kurma 꾸ㄹ마	대추야자 Dae chu ya ja	Apel 아쁠	사과 Sa gwa
Limau sitrun 리마우 싯트룬	레몬 Re mon	Semangka 스망까	수박 Su bak
Mangga 망가	망고 Mang go	Kelapa 끌라빠	야자 Ya ja
Ara 아라	무화관 Mu hwi gwan	Anggur 앙구ㄹ	포도 Pho do

Kenari 끄나리	호두 Ho du	Nenas 느나ㅅ	파인애플 Phain ae pheul	
Jeruk manis 즈룩 마니ㅅ	오렌지 O ren ji	Papaya 빠빠야	파파야 Pha pha ya	
Zabib 자빕	자두 Ja du			

Corak dan Ragi _ 무늬와 색상

Bergambar   무늬 있는 | Bentuk   모양
브ㄹ감바ㄹ   Mu nui I neun | 분뚝   Mo yang

Corak dan Ragi   무늬와 색상
쪼락 단 라기   Mu nui wa saek sang

Berwarna polos   무늬 없는
브ㄹ와르나 뽈로ㅅ   Mu nui eob neun

Bahan yang polos   무늬 없는 천
바한 양 뽈로ㅅ   Mu nui ob neun cheon

Disain; design; pola   디자인
디사인; 데사인; 뽈라   Di ja in

Yang bergambar bintik-bintik   물방울 무늬의
양 브ㄹ감바ㄹ 빈떡-빈떡   Kong bang eul mu nui ui

Bunga kecil-kecil   작은 무늬의
붕아 끄찔-끄찔   Jak eun mu nui ui

Yang bergaris-garis   줄 무늬의
양 브ㄹ가리ㅅ-가리ㅅ   Jul mu nui ui

Corak dan Ragi

Yang dicap
양 디짭

프린터 무늬의
Pheu rin theo nu nui ui

Yang berkotak-kotak
양 브ㄹ꼬딱-꼬딱

체크 무늬의
Je kheu mu nui ui

Tekstil & Pakaian _ 직물 및 봉제

Lipatan gathers 개더
리빠딴 갈읎 Gae deo

Gabardine 개버딘
가바ㄹ딘 Gae beo din

Kain sutra 견직물
까인 숫뜨라 Gyeon jik mul

Satin 공단
사띤 Gong dan

Menjahit 꿰매다
믄자힛 Kkwe mae da

Benang emas 금사(금실)
브낭 으마ㅅ
Geum sa (geum sil)

Pakaian jadi 기성복
빠까이안 자디 Gi seong bok

Panjang 길이
빤장 Gil li

Nylon 나일론
닐론 Na il lon

Benang lungsin 날실
브낭 룽신 Nal sil

Tekstil dan Penjahitan 직물 및 봉제
떽띨 단 쁜자히딴 Jik mul mit bong je

Mengepas pakaian 가봉하다
믕으빠ㅅ 빠까이안 Ga bong ha da

Menggulung; menyingsing 걷어붙이다
믕굴룽; 믄잉싱 God do but chi da

Tekstil & Pakaian

Singlet 내의
싱렛 Nae ui

Pakaian pesanan 맞춤복
빠까이안 쁘사난 Mat chul bok

Bretel 멜빵
브레뗄 Mel pang

Kain katun/kapas 면직물
까인 까뚠/ 까빠ㅅ
Myeon jik mul

Kain mori 모리
까인 모리 Mo ri

Benang wol 모사
브낭 월 Mo sa

Muslin wol 모슬린
무ㅅ린 월 Mo seul lin

Benang katun 목면실
브낭 까뚠 Mok myeon sil

Sapu tangan 손수건
사뿌 땅안 Son su geon

Pakaian renang 수영복
빠까이안 르낭 Su yeong bok

Kancing jepret 스냅
깐찡 즈쁘렛 Se naeb

Baju sweater 스웨터
바주 쉬뜨ㄹ Se we theo

Syal 스카프
샬 Se ka pheu

Rok span 스커트
럭 스빤 Seu kheo theu

Kaus kaki nilon 나일론 스타킹
까어ㅅ 까끼 닐론
Na il ron seu tha khing

Tidak cocok/pas 맞지 않다
띠닥 쪼쪽/빠ㅅ Mat chi anh ta

Celana panjang dalam 속바지
쩰라나 빤장 달람 Sok ba ji

Baju olahraga 스포츠 셔츠
바주 올라ㅎ라가
　　　Seu pho cheu syeo che

Rok dalam 슬립(여자 속옷)
럭 달람　Seul lib (yoja sok ot)

Slit; belah 슬릿
슬릿; 블라ㅎ　　　　Seul lit

Menjelujur 시침질을
므젤루주ㄹ　So chib jil eul

Pakaian pria 신사복
빠까이안 달람　Sin sa bok

Benang 실
브낭　　　　　sil

Kain wol 울
까인 월　　　　ol

Gaun terusan 원피스
가운 뜨루산　One phi seu

Pakaian anak-anak
빠까이안 아낙-아낙
　　　　　아동복
　　　　　A dong bok

Pakaian pengantin
빠까이안 뽕안띤
　　　　　웨딩 드레스
　　　　　We ding de re seu

Ketinggalan zaman / mode
끄띵갈란 자만 / 모드
　　　　　유행에 뒤진
　　　　　Yu haeng e dui jin

Benang perak
브낭 뻬락
　　　　　은사(은실)
　　　　　Eun sa (eun sil)

Pakaian malam
빠까이안 말람
　　　　　이브닝 드레스
　　　　　I be ning de re seu

Mengenakan; memakai
믕으나깐; 므마까이
　　　　　입다
　　　　　Ib ta

Busana; pakaian	의복	Penjahit	재봉사
부사나; 빠까이안	Eui bok	쁜자힛	Jae bong sa

Tekstil & Pakaian

Busana; pakaian 의복
부사나; 빠까이안 Eui bok

Populer 유행의
뽀뿔레ㄹ Yu haeng ui

Sulaman; bordir 자수
술라만; 보ㄹ디ㄹ Ja su

Pakaian tidur 잠옷
빠까이안 띠두ㄹ Jam ot

Sarung tangan 장갑
사룽 땅안 Jang kab

Materi 재료
마뜨리 Jae ryo

Penjahit 재봉
쁜자힛 Jae bong

Penjahit 재봉사
쁜자힛 Jae bong sa

Benang jahitan 재봉실
브낭 자힛안 Jae bong sil

Menjahit 재봉하다
믄자힛 Jae bong ha da

Jaket 재킷
자껫 Jae khit

Pola; mode 패턴(형)
뽈라; 모드 Phae theon(hyeong)

Celana dalam 팬티
쯜라나 달람 Phaen thi

Perajutan 편물
쁘라주딴 Phyeon mul

Mencoba memakai 입어 보다
믄쪼바 므마까이 Ib bo bo da

Menyulam; membordir 자수하다
므뉼람; 믐보ㄹ디ㄹ Ja su ha da

Cara menjahit / jahitan 재봉기술
자자 믄자힛 / 자힛안 Jae bong gi sul

Jarum rajut	편물 바늘	Kancing	단추
자룸 라줏	Phyeon mul ba neul	깐찡	Dan chu
Pakaian seragam	제복	Tersobek	뜯어 지다
빠까이안 스라감	Je bok	뜨ㄹ소벡	Tteut teo ji da
Jersey	저지	Merenda	레이스 짜다
제ㄹ시	Jeo ji	므렌다	Re I seu ca da
Rompi	조끼	Lame	라메
롬삐	Jo ki	라메	Ra me
Dasi	넥타이	Renda	레이스
다시	Nek tha i	렌다	Re is seu
Denim	데님	Linen	리넨
데님	De nim	리넨	Li nen

Menambal　　　　조각을 대다
므남발　　　　Jeo gak eul dae da

Penjepit dasi; peniti dasi　　　　넥타이핀
쁜즈뻿 다시; 쁘니띠 다시　　　　Nek tha I phin

Lubang kancing　　　　단춧구멍
루방 깐찡　　　　Dan chut gu meong

Bagian belakang baju　　　　뒤판
바기안 블라깡 바주　　　　Dwi phan

Tekstil & Pakaian

Kain rami	마직물	Beludru; beledu	빌로드
까인 라미	Ma jik mul	블룻루; 블르두	Bil lo de
Cocok / pas	맞다	(kain) sarung	사룽
쪼쪽 / 빠ㅅ	Mat ta	(까인) 사룽	Sa rung
Celana	바지	Baju	상의(웃옷)
젤라나	Ba ji	바주	Sang ui(eut ot)
Celana pendek	반바지	Serge	샤아지
젤라나 뻰덱	Ban ba ji	세르게	Sya a ji
Pakaian wanita	여성복	Serta; serabut	섬유
빠까이안 와니따	Yeo seong bok	스르따; 스라붓	Seom yu
Beha	브래지어	Kemeja	셔츠
뻬하	Be rae ji eo	끄메자	Syeo cheu
Broket	브로켓	Lengan baju	소매
쁘로껫	Be ro khet	릉안 바주	So mae
Blus	블라우스	Manset	소맷부리
블루ㅅ	Beul le u se	만셋	Do maet bu ri
Jas hujan	비옷	Saku dalam	안포켓
자ㅅ 후잔	Bi ot	사꾸 달람	An pho khet
Bagian depan baju			앞판
바기안 드빤 바주			Ap phan

| Ikat kaus | 양말 대님 |
| 이깟 까우ㅅ | Yang mal dae nim |

| Serasi / cocok | 어울리다 |
| 스라시 / 쪼쪽 | Eo ul li da |

| Kaus kaki | 양말 |
| 까우 ㅅ까끼 | Yang mal |

| Ritsleting | 지퍼 |
| 르ㅅ렛띵 | Ji pheo |

| Jin; jeans | 진 |
| 진; 진ㅅ | jin |

| Celana jean | 진 바지 |
| 쫄라나 진ㅅ | Jin ba ji |

| Rok | 치마 |
| 럭 | Chi ma |

| Mengukur | 치수를 재다 |
| 믕우꾸ㄹ | Chi su reul jae da |

| Pakaian kebesaran |
| 빠까이안 끄브사란 |

| Barang tenunan tekstil |
| 바랑 뜨누난 떽띨 |

| Baju panas/kardigan | 카디건 |
| 바주 빠나ㅅ/까ㄹ디간 | Kha da geon |

| Kebaya | 카바야 |
| 끄바야 | Kha ba ya |

| Korset | 코르셋 |
| 꺼ㄹ셋 | Kho reu set |

| Mantel ; jas panas | 코트 |
| 만뜰; 자ㅅ 빠나ㅅ | Kho theu |

| Mengelem | 테두리를 붙이다 |
| 믕을렘 | The du ri deul but chi da |

| Tetoron | 테토론 |
| 뜨또란 | Te to ron |

| Rok dan blus | 투피스 |
| 럭 단 블루ㅅ | Thu phi seu |

| Baju kaos | 티셔츠 |
| 바주 까어ㅅ | Thi syeo cheu |

| | 예복 |
| | Ye bok |

| | 직물 |
| | Jik mul |

Tekstil & Pakaian

Piyama 파자마
삐야마 Pha ja ma

Pameran mode 패션 쇼
빠메란 모드 Phae syeon syo

Benang rajutan 편물 실
브낭 라주딴 Phyeon mul sil

Merajut 편물하다
믈줏 Phyeon mul ha da

Poplin 포플린
뽑프린 Pho pheul lin

Lebar 폭
르바르 Phok

Pulover 풀오버
뿔오쁘르 Phul o beo

Pelanel 플란넬
쁠라넬 Phel lan nel

Kancing cantel 혹
깐찡 짠뗄 hok

Kain sintetis 화학 섬유
까인 신떼띠스 Hwa hak seong yu

Serat sintetis 합성 섬유
스랏 신떼띠스 Hab seong seong yu

Ikat pinggang 허리띠
이깟 삥강 Heo ri ti

Pelipit 주름
쁠리삣 Ju reum

Pakaian biasa 평상복
빠까이안 비아사 Pyeong sang bok

Perancang / pencipta mode 패션 디자이너
쁘란짱 / 쁜찦따 모드 Phae syeon di ja I neo

Kain / bahan pakaian 포목
까인 / 바한 빠까이안 Pho mok

Saku; kantung 포켓(주머니)
사꾸; 깐뚱 Pho khet (jumoni)

Warna _ 색

Warna 와르나	색 saek
Warna kuning 와르나 꾸닝	노란 색 No ran saek
Warna hijau 와르나 히자우	녹색 Nok saek
Warna coklat muda 와르나쪽랏 무다	갈색 Gal saek
Warna hitam 와르나히땀	검은 색 Geom. Eun saek
Warna biru laut 와르나비루 라웃	바다색 Ba da saek
Warna cerah 와르나 쯔라ㅎ	밝은 색 Bark geun saek
Warna coklat 와르나 쪽랏	밤색 Bam saek
Warna merah 와르나 메라ㅎ	빨간색 Pal gan saek
Warna ungu 와르나 웅우	자주색 Ja ju saek

Berwarna silau
브르와르나실라우

눈부신 색
Nun bu sin saek

Warna kuning agak kelabu
와르나 꾸닝 아각 끌라부

베이지색
Be I ji saek

Warna jingga tua
와르나 징가 뚜아

오렌지색
O ren ji saek

Warna tua	진한색	Warna kalem	차분한 색
와ㄹ나 뚜아	Jin han saek	와ㄹ나 깔름	Cha bun han saek

Warna gelap	어두운 색	Warna biru	파란 색
와ㄹ나스드ㄹ하나	O du un saek	와ㄹ나비루	Pha ran saek

Warna muda	엷은 색	Warna putih	하얀색
와ㄹ나무다	Yolb beun saek	와ㄹ나 뿌띠ㅎ	Ha yan saek

Warna sederhana   수수한 색
와ㄹ나 스드ㄹ하나   Su su han saek

Warna biru angkasa / langit   스카이블루색
와ㄹ나 비루 앙까사 / 랑잇   Seu kha I bell u saek

Warna merah jambu / merah muda   핑크색(붕홍)
와ㄹ나 메라ㅎ 잠부 / 메라ㅎ 무다   Phing kheu saek (bung hong)

Warna yang mencolok   화려한 색
와ㄹ나 양 믄쫄록   Hwa ryo han saek

Warna abu-abu / kelabu   회색
와ㄹ나아부-아부 / 끌라부   Hui saek

Binatang _ 동물

Binatang 비나땅	동물 Dong mul	Landak 란닥	고슴도치 Go seum do chi
Laba-laba 라바-라바	거미 Geo mi	Kucing 꾸찡	고양이 Go yang i
Kura-kura 꾸라-꾸라	거북이 Geo buk ki	Beruang 브ㄹ우앙	곰 gom
Ikan paus 이깐 빠우ㅅ	고래 Go rae	Jerapah 즈라빠ㅎ	기린 Gi rin
Anjing 안징	개 gae	Ayam 아얌	닭 dalk
Katak, kodok 까딱, 꼬독	개구리 Gae gu ri	Keledai 끌르다이	당나귀 Dang na gui
Gorila 고릴라	고릴라 Gol lil la	Babi 바비	돼지 Dwe ji
Kadal, bengkarung 까달, 븡까룽			도마뱀 Do ma baem

Binatang

Tikus pondok 띠꾸ㅅ 뽄독	두더지 Du deo ji	Anjing laut 안징 라웃	바다표범 Ba da phyo beob
Kuda 꾸다	말 mal	Kelelawar 끌를라와ㄹ	박쥐 Bak jui
Babi hutan 바비 후딴	멧돼지 Met dwe ji	Ular 울라ㄹ	뱀 baem
Gajah 가자ㅎ	코끼리 Kho ki ri	ular berbisa 울라ㄹ 브ㄹ비사	독사 dok sa
Badak 바닥	코뿔소 Kho bbul so	Rusa, kijang 루사, 끼장	사슴 Sa seub
Kelinci 끌린찌	토끼 Tho ki	Singa 싱아	사자 Sa ja
Kerbau 끄ㄹ바우	물소 Mul so	Sapi 사삐	소 so
Kalkun 깔꾼	칠면조 Chil myeon jo	Kalajengking 깔라즁낑	스콜피온 Seu khol phi on
Kuda nil 꾸다닐	하마 Ha ma	Buaya 부아야	악어 ak go
Bunglon 붕런	카멜레온 Kha mel le on	Domba 돔바	양 yang

Zebra 젭브라	얼룩말 Eol lok mal	Serigala 스리갈라	늑대 Neuk dae
Rubah 루바ㅎ	여우 Yeo u	Tupai, bajing 뚜빠이, 바징	다람쥐 Da ram jwi
Kambing 깜빙	염소 Yeom so	Siput 시뿟	달팽이 Dal phaeng i
Monyet, kera 몬옛, 끄라	원숭이 Won sung i	Cacing 짜찡	지렁이 Ji reong i
Tikus 띠꾸ㅅ	쥐 jwi	Kangguru 깡구루	캥거루 Khaeng geo ru
Lipan 리빤	지네 Ji ne	Harimau 하리마우	호랑이 Ho rang i
Unta 운따	낙타 Nak tha		

Ikan _ 물고기

Ikan 이깐	물고기 Mul go gi	Sunglir 숭리ㄹ	방어 Bang eo
Insang 인상	아가미 A ga mi	Ikan kembung 이깐 끔붕	고등어 Go deung eo
Sisik 시식	비늘 Bi neul	Ikan salem 이깐 살름	연어 Yeon eo
Cakalang 짜깔랑	가다랭이 Ga da raeng i	Cumi-cumi 쭈미-쭈미	오징어 O jing o
Ikan layur 이깐 라유ㄹ	갈치 Gal chi	Ikan haring 이깐 하링	청어 Cheong eo
Kepiting 끄삐띵	게 ge	Ubur-ubur 우부ㄹ-우부ㄹ	해파리 Hae pha ri
Ikan kecil, teri 이깐 끄찔, 뜨리	멸치 Myeol chi	Ikan todak 이깐 또닥	황새치 Hwal sae chi
Ikan gurita 이깐 구리따	문어(낙지) Mun edo (nak ji)	Lemuru 르무루	정어리 Jeong eo ri
Udang karang 우당 까랑	바닷가재 Ba dat ga jae	Kerang 끄랑	조개 Jo gae

Tiram 띠람	굴 gyul	Ikan hiu 이깐 히우	상어 Sang eo
Tongkol, tuna 뚱꼴, 뚜나	다랑어 Da rang eo	Udang 우당	새우 Sae u
Belut laut 블룻 라웃	뱀장어 Baem jang eo		
Samge, kakap putih 삼게, 까깝 뿌띠ㅎ			조기 Jo gi

Serangga _ 곤충

Serangga 스랑가	곤충 Gon cheung	Belalang 블랄랑	메뚜기 Me ttu gi
Lebah madu; tawon 르바ㅎ 마두; 따원	꿀벌 Kkeul beol	Nyamuk 냐묵	모기 Mo gi
Gegat 그갓	나방 Na bang	Kumbang 꿈방	풍뎅이 Phung deng i
Kupu-kupu 꾸뿌-꾸뿌	나비 Na bi	Belalang daun 블랄랑 다운	여치 Yeo chi
Semut 스뭇	개미 Gae mi	Capung 짜뿡	잠자리 Jam ja ri
Cengkerik 쯩끄릭	귀뚜라미 Gui ttu ra mi	Kecoa 끄쪼아	바퀴벌레 Ba khui beol le
Tabuhan 따부한	말벌 Mal beol	Lalat 라랏	파리 Pha ri
Belalang sentadu 블랄랑 슨딴두			사마귀 Sa ma gwi

Burung _ 새

Burung (unggas)	새
부룽 (웅가ㅅ)	sae

Burung elang	매
부룽 을랑	mae

Burung puyuh	메추리
부룽 뿌유ㅎ	Me chu ri

Burung gagak	까마귀
부룽 가각	Kka ma kwi

Burung kuau	꿩
부룽 꾸아우	kkwong

Burung camar	갈매기
부룽 짜마ㄹ	Gal mae gi

Burung merak	공작
부룽 므락	Gong jak

Burung rajawali	독수리
부룽 라자왈리	Dok su ri

Burung angsa	백조
부룽 앙사	Baek jo

Burung kolibri	벌새
부룽 꼴립리	Beol sae

Burung cucuk udang	물총새
부룽 쭈쭉 우당	Mul chung sae

Burung dara / merpati	비둘기
부룽 다라 / 므ㄹ빠띠	Bi dul gi

Burung layang-layang	제비
부룽 라양-라양	Je bi

Burung

Ayam kalkun	칠면조	Parkit	잉꼬
아얌 깔꾼	Chil myeon jo	빠ㄹ낏	Ing kko

Burung hantu 올빼미
부룽 한뚜 Ol bbae mi

Burung kenari 카나리아
부룽 끄나리 Kha na ri a

Burung bangau 왜가리
부룽 방아우 We ga ri

Burung unta 타조
부룽 운따 Tha jo

Penguin 펭귄
뻥우인 Pheng guin

Burung kakatua 앵무새
부룽 까까뚜아 Eang mu sae

Flamingo 홍학
플라밍고 Hong hak

Bebek 오리(거위)
베벡 O ri(geo wi)

Burung gereja / pipit 참새
부룽 그그자 / 삐삣 Cham sae

107

Kata _ 단어

Jauh(nya), jarak	거리	Luas(nya)	면적
자우ㅎ(냐) 자락	Go ri	루아ㅅ(냐)	Myeon jeob
Antara(nya), jarak	간격	Temperatur, suhu	온도
안따라 (냐) 자락	Gan gyeok	뜸쁘라뚜ㄹ	On do
Berat(nya)	무게, 중량	Meter, m	미터
브랏(냐)	Mu ge, jung ryang	메뜨ㄹ, 엠	Mi theo
Panjang(nya)	길이	Kelembaban	습도
빤장(냐)	Gil i	끌름바반	Seub do
Dalam(nya)	깊이	Tinggi badan	신장
달람 (냐)	Gip pi	띵기 바단	Sin jang
Tinggi(nya)	높이	Lebar(nya)	폭
띵기 (냐)	Nop pi	르바ㄹ(냐)	Phok
Tebal(nya)	두께	Isi, volume	체적
뜨발 (냐)	Du ke	이시, 폴름	Che jeok

Kira-kira, sekitar 대강, 약
끼라-끼라, 스끼따ㄹ Dae hang, yak

				Kata
Berat badan 브랏 바단	체중 Che jung	**Banyak** 바냑	많은 Man neun	
Pasang 빠상	대, 조 Dae, jo	**Sedikit** 스디낏	조금 Jo geum	
Lusin 루신	다스 Da se			
Semua, seluruh, segala 스무아, 슬루루ㅎ, 스갈라			전부 Jeon bu	

Rumah _ 집

Istilah 전문용어
이ㅅ띨라ㅎ Jeon mun yong eo

Makna 의미 ; 뜻
막나 Eui mi; tteut

Senyaman ~만큼 편하다
스냐만
~man kheum phyeon ha da

Ada kalanya 가끔
아다 깔라냐 Ga geum

Nyaman 신선하다 ; 즐겁다
냐만
 Sin seon ha da; jeul geob ta

Gemar 좋아하다
그마ㄹ Jo a ha da

Perabotan 기구
쁘라봇안 Gi gu

Piala 우승컵
삐알라 U seung kheob

Rumahku Istanaku' 즐거운 우리 집
루마ㅎ꾸 이ㅅ따나꾸 Jeul geo un u ri jib

Bahwa 목적 혹은 보어절을 이끄는 접속사
바ㅎ와 Mok jeok heul keun bo eo jeol eul
  l kke neun jeob seok sa

Mewah 사치스럽다 ; 호화스럽다
메와ㅎ Sa chi seu reob ta; ho hwa se reob ta

Tempat berteduh 피하는 곳
뜸빳 브ㄹ뜨두ㅎ Phi ha neun got

Rumah

Kamar mandi 화장실
까마ㄹ 만디 Hwa jang sil

Tempat tidur 침대
뜸빳 띠두ㄹ Chim dae

Lemari pakaian 옷장
르마리 바주 Ot jang

Meja belajar 책상
메자 블라자ㄹ Chaek sang

Rak buku 책장
락 부꾸 Chaek Sang

Cuci pakaian 빨래하다
쭈찌 빠까이안 Pal lae ha da

Seterika 다리미
스뜨리까 Da ri mi

Pembantu 가정부
쁨반뚜 Ga jeong bu

Ruang tamu 거실
루앙 따무 Geo Sil

Prestasi 달성 ; 성과
쁘레ㅅ따시
Dal Seong, Seong gwa

Akuarium 수족관
아꾸아리움 Su jok gwan

Betah / kerasan 살기 편안하다 ; 아늑하다
브따ㅎ / 끄라산 Sal gi pheyon an ha da, a neuk ha da

Gosok pakaian 다리질을 하다
고석 빠까이안 Da ri jil eul ha da

Halaman depan 앞쪽 집 마당
할라만 드빤 Am jjeok Jib ma dang

111

Kolam Renang _ 수영장

Topi renang 수영모자
또삐 르낭 Su yeong mo ja

Loker 로커
로께ㄹ Lo keo

Ban 타이어
반 Tha I eo

Pelampung 구명대
쁠람뿡 Gu meyong dae

Menyelam 잠수하다
믄옐람 Jeob su ha da

Berenang 수영하다
브르낭 Su yeong ha da

Terpeleset 미끄러지다
뜨ㄹ뻴레셋 Mi ke reo ji da

Pakaian renang / baju renang 수영복
빠까이안 르낭 / 바주 르낭 Su yeong bok

Kacamata renang 수영 안경
까짜마따 르낭 Su yeong an gyeong

Tempat ganti pakaian 갱의실
뜸빳 간띠 빠까이안 Gaeng eui sil

Main _ 놀다

Main
마인
놀다
Nol da

Jujur
주주ㄹ
정직하다
Jeong jik ha da

Curang
쭈랑
부정하다
Bu jeong ha da

Suit 가위-바위-보 같은 게임
수잇   Ga wi-Ba wi-bo

Tim
띰
팀
Thim

Bersama-sama
브르사마-사마
함께
Hom kke

Berhenti
브르흔띠
멈추다
Mem chu da

Sekali lagi
스깔리 라기
다시 ; 한번
Dasi; han beon

Taktik
딱띡
전략
Jeon ryak

Kelompok
끌롬뽁
무리
Mu ri

Daya imajinasi
다야 이마지나시
상상력
Sang sang ryeok

Budaya
부다야
문화
Mun Hwa

Menang   승리하다 ; 이기다
므낭   Seung ri ha da; I gi da

Kalah
깔라ㅎ
지다 ; 패배하다
Ji da; phae bae ha da

Sawah _ 논

Kunyit 꾼잇	터메릭 Thae me rik	**Sawah** 사와ㅎ	논 non
Lengkuas 릉꾸아ㅅ	양강근 Yang gang geun	**Tropis** 뜨로삐ㅅ	열대 Yeol tae
Cengkeh 쯩께ㅎ	정향 Jeong hyang	**Menanam** 므나남	-를 심다 -reul sim ta
Rempah 름빠ㅎ	향신료 Hyang sin ryo	**Tanaman** 따나만	나무 Na mu
Hijau 히자우	녹색 Neuk saek	**Hujan** 후잔	비 bi
Luas 루아ㅅ	넓다 Neolb ta	**Sayur** 사유ㄹ	야채 Ya chea
Sempit 슴뺏	좁다 Job ta	**Buah** 부아ㅎ	과일 Gwa il
Ladang 라당	경작지;밭 Gyeong jak ji; bat	**Kebun** 끄분	농장;농원 Nong jang; nong won

Irigasi 이리가시	관개 Gwan gae	Biji 비지	씨 ; 씨앗 Si; si at	Sawah
Pupuk 뿌뿍	비료 ; 거름 Bi ryo; geo reum			

Kosakata Tambahan 1 _ 추가 단어 1

Warisan 와리산	휴산 Hyu san	

Tembaga 구리 ; 동
뜸바가 Gu ri; deung

Warisan 휴산
와리산 Hyu san

Pengaruh 영향
뿡아루ㅎ Yeong Hyang

Zaman 시대 ; 시기
자만 Si Dae; si gi

Kecenderungan 경향
끄쯘드룽안 Gyeong hyang

Sehari-hari 매일
스하리-하리 Mae il

Pembuatan 제조
쁨부아딴 Je jo

Etnik 인종의 ; 민족 특유의
엣닉
    In jong ui; min jok teuk ui

Membuat: 만들다
믐부앗 Man deul da

Asal-asalan 대충 ; 정확하지 않다
아살-아살란 Dae chung; Jeong hak ha hi an ta

Beraneka ragan 여러가지 ; 다양하다
브르아네까 라감 Yeo reo ga ji; da yang ha da

Pernak-pernik 당양하다 ; 형태가 작은 물건
쁘ㄹ낙 쁘ㄹ닉 Dang yang ha da;
    heyong tae ga jak keun mul geon

Terap 적용하다 ; 응용하다
뜨랖 Jeok yong ha da; eung yong ha da

Kosakata Tambahan 1

Bulan madu	말월 허니문
불란 마두	Mal wol heo ni mun

Panggung	무대
빵궁	Mu dae

Agung	위대한 ; 고귀한
아궁	Wi dae han; go gwi han

Dewa-dewi	신—여신
데와-데위	Sin-Yeo Sin

Candi	사원
짠디	Sa won

Selendang	스카프 ; 목도리
슬렌당	Seu kha pheu; mok do ri

Jepit rambut	머리 핀
즈벳 람붓	Meo ro phin

Oleh-oleh	선물 ; 기념품
올레ㅎ-올레ㅎ	Seon mul; gi nyeom phum

Wisatawan	관광객
위사따완	Gwan gwang gaek

Cermin	거울
쯔ㄹ민	Geo eul

Pengantin baru	신혼부부
쁭안띤 바루	Sin hon bu bu

Keramah-tamahan	점잖음 ; 사교적임
끄라마ㅎ-따말한	Jeom jalb beun; sa gyo jeok in

Wisata	관광하다 ; 여행하다
위사따	Gwan gwang ha da; yeoo haeng ha da

Mencerminkan	반영하다
믄쯔ㄹ민깐	Ban yeong ha da

Serta	함께하다 ; 관여하다
스ㄹ따	Ham kke ha da; gwan yeo ha da

Wisata _ 관광

Pariwisata	관광	Tarian	춤
빠리위사따	Gwan gwang	따리안	Chum
Wisatawan	관광객	Pertunjukan	공연
위사따완	Gwan gwang gaek	쁘ㄹ뚠주깐	Gong yeon
Elok	아름다운	Berbeda	다르다
엘록	A reum da un	브ㄹ베다	Da reu da
Indah	아름다운	Berjalan-jalan	산책하다
인다ㅎ	A reum da un	브ㄹ잘란-잘란	San chaek ha da
Pura	힌두교 사원	Indah	아름답다
쁘라	Himdu gyo sa won	인다ㅎ	A reum dab ta
Perayaan	축하연	Turis	관광객
쁘라야안	Chuk ka yeon	뚜리ㅅ	Gwan gwang gaek

Pemandu wisata
쁘만두 위사따

투어 가이드
Theu eo ga I deu

Unik
우닉

유일하다 ; 독특하다
Yu il ha da; dok theuk ha da

Wisata

Suku	종족	Devisa	외환
수꾸	Jong jok	데비사	Wi han
Khusus	특별한	Pendapatan	수입 ; 소득
쿠수ㅅ	Theuk byeol han	쁜다빠딴	Su ib; so deuk

Menakjubkan 놀라게 하다 ; 경칸하다
므낙줍깐 Nol la ge ha da; gyeong khan ha da

Permai 훌륭하다 ; 아름답다
쁘ㄹ마이 Hol ryung ha da; a reum dab ta

Kosakata Tambahan 2 _ 추가 단어 2

Kertas 끄ㄹ따ㅅ	종이 Jong i	Huni 후니	살고 있다 Sal gi itta
Karet 까렛	고무 Go mu	Penduduk 쁜두둑	지민 Ji min
Minyak 민약	기름 Gi reum	Masyarakat 마샤라깟	사회 Sa hwi
Emas 으마ㅅ	금 geum	Tetangga 뜨땅가	이웃 I ut
Batubara 바뚜 바라	석탄 Seok tan	Pemukiman 쁘무끼만	정착시킴 Jeong chak so kim

Keharmonisan
끄하ㄹ모닛산
조화 ; 화접
Jo hwa; hwa jeob

Gotong royong
고똥 로영
상부상조하다
Sa nu sang jo ha da

Rempah-rempah
름빠ㅎ-름빠ㅎ
여러 종류의 향신료
Yeo reo jong ryu uil hyang sin ryu

Bambu	양념
밤부	Yang nyeom

Kelas sosial	사회 계급
끌라ㅅ소시알	Sa hwi gye geum

Bangsawan	양반
방사완	Yang ban

Ladang	분야 ; 밭
라당	Bun ya; bat

Ternak	가축
뜨ㄹ낙	Gi chuk

Kebun	정원 ; 농원
끄분	Jeong won; nong won

Diperas	압착되다
디쁘라ㅅ	Ab chak dwi da

Peras	압착
쁘라ㅅ	Am chak

Kegalauan	소란 ; 복잡한 생각
끄갈라우안	So ran; bok jab han saeng gak

Galau	혼동 ; 생각이 복잡하다
갈라우	Hon dong; saeng gak I bok jab ha da

Gelisah	고민 ; 불안하다
글리사ㅎ	Go min; bul an ha da

Stres	스트레스
슷레ㅅ	Seu theu re se

Obrolan	이야기 ; 수다
옵브롤란	I ya gi; su da

Lain	다른 것
라인	Da eun geot

Atlit	선수
앗트릿	Seon su

Balkoni	베란다
발꼬니	Be ran da

Bocor	새다
보쪼ㄹ	Sae da

Gimana	어때요 ; 어떻게
기마나	Eo ttae yo; eo tteo ke

Pos Kampling 지구대;
뽀ㅅ 깜플링 Ji gu dae

Ungkapan 표현
웅까빤 Phyeo hyeon

Mahkota 왕관
마ㅎ꼬따 Wang gwan

Faktor 요인; 인자
팍떠ㄹ Yo in; in ja

Utama 가장 좋은; 주요한
우따마
Ga jang joh eun; ju yo han

Awet 오래 견다는
아웻 O rae gyeon da neun

Budak 노예; 하인
부닥 No yae; ha in

Pengantin 신랑 & 신부
뻥안띤 Sin rang & sin bu

Diseberang
디스브랑
건너편에; 앞쪽에;
Geon no pyeon e; am jok e

Akad permikahan
아깓 쁘르니까한
결혼 약속; 약혼
Gyeol hon yak sol; yak hon

Pesta pernikahan 결혼식
뻬ㅅ따 쁘르니까한
Gyeol hon sik

Tamu 손님
따무 Son nim

Hari permikahan 결혼날
하리 쁘르니까한 Gyeol hon nal

Resiko 리스크; 위험
레시코 Ri seu kheu; wi heom

Segi 관점; 측면
스기
Gwan jeom; cheuk myeon

Materi 물질
마테리 Mul jil

Mental 정신적인
멘탈 Jeong sin jeok in

Masa 마사	시기 ; 때 Si gi; ttae	**Jas** 자ㅅ	정장 Jeong jang
Gejolak 그절락	정열 Jeong yeol	**Keren** 끄렌	멋진 Mot chin
Semangat 스망앗	패기 Phae gi	**Cantik** 짠떡	예쁘다 Ye peu da
Kencan 끈짠	데이트 De I theu	**Penampilan** 쁘남삘란	내보임 ; 선보임 Nae bo im; seon bo im
Terus terang 뜨루ㅅ 뜨랑	솔직히 말하다 Sol jik ki mal ha da	**Langsing** 랑싱	날씬하다 Nal sin ha da
Cakep 짜껲	멋진, 잘생긴 Meot jin; jal saeng gin	**Mempesona** 믐쁘소나	관심을 끌다 Gwan sim eul keul ta

Latar belakang 라따ㄹ 블라깡
배경 ; 동기
Bae gyeong; dong gi

Cuek 쭈엑
맘대로 하다 ; 멋대로 하다 ; 무시하다 ; 신경 안 쓴다
Mam dae ro ha da; meot dae ro ha da; mu si ha da; sin gyeong an seun da

Memikat 므미깟
마음을 끌다 ; 유혹하다
Ma eum eul kkeut ta; yu hol ha da

Setia 스띠아	견고하다 Gyeon go ha da	**Egois** 에고이ㅅ	이기주의자 I gi ju eui ja
Mata duitan 마따 두잇안	돈을 좋아하요 Don eul jo a ha da	**Nilai-nilai** 닐라이-닐라이	규범 ; 시각 Gyu beob; si gak
Pelit 쁠릿	구두쇠 Gu du swi	**Sempurna** 슴뿌ㄹ나	완벽하다 Hwan byeok ha da
Penolong 쁘놀롱	돕는 사람 Dom neun sa ram	**Rumit** 루밋	복잡하다 Bok jab ha da
Tolong 똘롱	돕다 Don ta	**Gelap** 그랖	어둡다 Eo dub ta
Maaf 마아ㅍ	용서 Yong seo	**Halus** 할루ㅅ	부드럽다 Bu deu reob ta
Rakus 라꾸ㅅ	욕심이 많다 Yok sim I man ta	**Menawan** 므나완	마음에 사로잡다 Ma eum e sa ro jab ta

Pemaaf 쁘마아ㅍ 용서해 주는 사람
Yong seo hae ju neun sa ram

Oleh karena itu 올레ㅎ 까르나 이뚜 그렇기 때문에 / 그러한 이유로
Ke reoh ji ttae mun e / ke reo han I yu ro

Hormat 호ㄹ맛 존경하다 ; 경의하다
Jon gyeong ha da; gyeong ui ha da

Topik	주제 ; 화제	Lagu	노래
또삑	Ju je; hwa je	라구	No rae

Kursus   학원
꾸ㄹ수ㅅ   Hak won

Puisi   시 ; 운문
뿌이시   Si; un mun

Menyenangkan   즐거운
믄예낭깐   Jeul geo un

Baru   새롭다
바루   Sae rob ta

Jago   전문가 ; 능숙하다
자고
Jeon nun ga; neung suk ha da

Tiba   도착하다 ; 다가오다
띠바   Do chak ha da; dag a o da

Tantangan   도전
딴땅안   Do jeon

Bakat   타고난 재능 ; 소질
바깟   Tha go nan jae neung; so jil

Alat musik   악기
알랏 무식   Ak ki

Seni   예술
스니   Ye sul

Sesama   같은 부류의
스사마   Gat teun bu ryu wi

Antusias   열관적이다 ; 정열적이다
안뚜시아ㅅ   Yeol gwan jeok I da; jeong yeol jeok ki da

Berpartisipasi   참가하다 ; 참여하다
브ㄹ빠ㄹ띠시빠시   Cham ka ha da; cham yeo ha da

Lancar   원활하다 ; 막힘이 없다
란짜ㄹ   Won hal ha da; mak kim mo ob ta

Berbakat 브르바깟	재능이 있음 Jae neung I I seum	**Menata** 므나따	정리하다 Jeong ri ha da
Tenang 뜨낭	평온한 ; 조용한 Pheong on han; jo yong han	**Pribadi** 프리바디	개인인 Gae in in
Biota laut 비오따	즉 생물 Jeuk saeng mul	**Seiring** 스이링	함께하 Ham kke ha
Kabupaten 까부빠뗀	군 Gun	**Pengetahuan** 뿡으따후안	지식 Ji sik
Panorama 빠노라마	보기 Bo gi	**Kantong** 깐똥	주머니 Ju meo ni
Kekayaan alam 끄까야안 알람	천연 자원 Cheon yeon ha won	**Panti Asuhan** 빤띠 아수한	고아원 Go a won
Ibukota 이부 꼬따	수도인 Su do in	**Akherat** 아키랏	내세 Nae se

Tempat Penampungan Binatang　　동물 보호소
뜸빳 쁘남뿡안 비나땅　　　　　　　　Dong Mul bo ho so

Menakjubkan　　놀라게 하다 ; 경칸하다
므낙줍깐　　　　　Nol la ke ha da; gyeong khan ha da

Menggiurkan　　매료시키다 ; 매혹시키다
믕기우ㄹ깐　　　　Mae ryo si khida; me hok si khi da

Menarik 재미있다 ; 흥미롭다 므나릭 Jae mi itta; heung mi rob ta	Hari raya 공휴일 하리 라야 Gong yu il
Bokek 돈이 없다 보껙 Don o eob ta	Pilihan 선택 삘리한 Seon thaek
Berbelanja 쇼핑하다 브르블란자 Syo phing ha da	Nafkah 생계비 낲까ㅎ Saeng gye bi
Menyenangkan 재미 있다 믄예낭깐 Jae mi it ta	Gemetaran 떨림 그므따란 Tteol lim
Penuh 가득하다 쁘누ㅎ Ga deuk ha da	Kenalan 아는 사람 ; 지인 끄날란 A neun sa ram; ji in

Menghabiskan uang 돈을 보냈다
믕하비ㅅ깐 우앙 Don eul bo nae ta

Cuci mata 물건은 사지 않고 구경만 하다
쭈찌 마따 Mul geon eun sa ji an ko gu gyeong man ha da

Antrian 늘어선 줄 / 열 ; 대기열
안뜨리안 Neul eu seon / yeol; dae gi yeol

Hari nasional 건국 기념일 ; 축제일
하리 나시오날 Geon guj gi nyeom il; chuk je il

Soalnya; Persoalannya; Masalahnya
~때문에 ; 그 이유는 …
소알냐; 쁘ㄹ소알란야; 마살랗냐   ~ttae mun e; ge I yu neun

A

abjad 철자그룹 ; 알파벳
압잣
 cheol ja geu rub; al pha bet

acar 설탕 식초절임
아짜르
 seol thang sik cho jeol lim

adegan 장면, 막
아드간 jang myeon, mak

administratif 행정상의
앗미니ㅅ뜨라띺
 haeng jeong sang eui

agak 약간
아각 yak gan

agama 종교
아가마 jong gyo

abadi 영원한 ; 변치 않는
아바디 yeong won han; byeon chi anh neun

absen 결석한 ; 참석하지 않다
압센 gyeol seok han; cham seok ha ji anh da

acara 회의의 주제 ; 과제 ; 의제
아짜라 hwe eui eui ju je; gwa che; eui je

acuh 관심을 두다 ; 귀를 귀울이다
아쭈ㅎ gwan sim eul du da; gwi reul gwi uell i da

adat istiadat 전통 ; 풍습
아닷 이ㅅ띠아닷 cheon thong; phung seub

agar -하기 위하여 아가ㄹ -ha gi wi ha yeo	**akademi** 학당; 전문 학원 아까드미 hak dang; jeon mun hak won
agung 위대한; 고귀한 아궁 wi dae han; go gwi han	**alamat** 이름 및 주소 알라맛 i reum mit ju so
ahli 전문가; 숙련가 아흐리 jeon mun ga; suk ryeon ga	**alergi** (의학) 알레르기 알레ㄹ기 (eui hak) al le reu gi
air 물; 즙; 액체 아이ㄹ mul; jeum; aek che	**alias** 별명; 별칭 알리아ㅅ byeol myeon; byeol ching
Air mancur 분수 아이ㄹ 만쭈ㄹ bun su	**alih ~ generasi** 세대교체 알리ㅎ-그느라시 se dae gyo che
Air minum 마실 물 아이ㄹ 미눔 ma sil mul	**alumni** (학교) 동창 알룸니 (hak gyo) dong chang
Air terjun 폭포 아이ㄹ 뜨ㄹ준 phok pho	**Al-kitab, Kitab suci** 성경 알 끼땁 seong gyeong
ajaib 이상한; 신비한 아자입 i sang han; sin bi han	

agaknya 생각건대; 보이기에
아각냐 saeng gak geon dae; bo i gi e

-ajak- mengajak 함께 하자고 청하다
아작-믕아작 ham kke ha ja go cheong ha da

A

129

aman 아만	안전한 an jeon han	**aneh** 아네ㅎ	이상한 ; 신기한 i sang han; sin gi han
amal 아말	행위 ; 실행 haeng wi; sil haeng	**anggota** 앙고따	회원 ; 일원 hwe won; il won
ambisi 암비시	야망 ; 야심 ya mang; ya sim	**antusias** 안뚜시아ㅅ	열광적인 yeol gwang jeok in
ambisius 암비시우ㅅ	야망적인 ya mang jeok in	**arah** 아라ㅎ	방향 ; 진로 bang hyang; jin lo
amplop 암쁠롭	편지봉투 phyeon ji bong thu	**asisten** 아시ㅅ뗀	조수 ; 보조가 cho su; bo jo ga
analisis 아날리시ㅅ	분석 ; 분해 bun seok; bun hae	**asli** 아ㅅ리	순수한 sun su han

alami
알라미
자연적인 ; 자연에 관한
ja yeon jeok in; ja yeon e gwan han

aneka
아네까
다양한 ; 여러 종류의
da yang han; yeo reo chong ryu eui

anggun
앙군
말끔하고 품위 있는
mal kkeum ha go phum wi i neun

arsip
아ㄹ십
기록문 ; 보관문서
gi rok mun; bo gwan mun seo

asosiasi 아소시아시	연합 ; 회 yeon hab; hwe	asuransi 아수란시	보험 ; 보험료 bo heom; bo heom ryo
asrama 아스라마	기숙사 gi suk sa	awan 아완	구름 gu reum
ayu 아유			예쁘고 매력있는 ye bbeu go mae ryok i neun

B

baca, membaca 바짜, 음바짜	읽다 ilg da	baki 바끼	쟁반 jae ban
badak 바닥	코뿔소 kho pol so	bakteri 박떼리	박테리아 bak the ri a
bagasi 바가시	수하물 su ha mul	balas dendam 발라ㅅ 든담	복수 bok su
bahagia 바하기아	행복 haeng bok	balkon 발꼰	발코니 bal kho ni
bahasa 바하사	말 ; 언어 mal; eon eo	bangga 방가	자랑스러워하다 ja rang seu reo wo ha da
bahaya 바하야	위험 wi heom	bangsa 방사	민족 min jok
bakat 바깟	징후 ; 징후 jing hu; jing hu	bangun 방운	일어서다 ill eo seo da

bangkit
방낏

일어서다 ; 다시 살아나다
ill eo seo da; da si sal la na da

bank 방	은행 eun haeng	baskom 바ㅅ꼼	세수 대야 se su dae ya
bantal 반딸	베게 be ge	batu bara 바뚜 바라	석탄 seok than
bantalguling 반딸굴링	죽부인 juk bu in	batuk 바뚝	기침 gi chim
bantu 반뚜	돕다 dob ta	bawah 바와ㅎ	밑 ; 아래 mit; a rae
banyak 바냑	많은 manh eun	bawang 바왕	파, 마늘 류 pha, ma neul ryu
baris 바리ㅅ	줄 jul	bayar membayar 바야ㄹ 믐바야ㄹ	지불하다 ji bul ha da

banjir
반지ㄹ

넘치다 ; 범람하다
neom chi da; beom ram ha da

basi
바시

부패한 ; 상한 ; 쉰
bu pae han; sang han; swin

bawa; membawa
바와; 믐바와

가져오다
ga jeo o da

buruk
부룩

오래되어 낡거나 삵은 ; 행동이 못된
o rae dwe eo nalg geo na salg eun;
haeng dong i mot dwen

beasiswa 베아시스와	장학금 jang hak geum	**belum** 블룸	아직 –하지 않은 a jik-ha ji anh eun
beban 브반	짐 jim	**bencana** 븐짜나	재앙 ; 재난 jae ang; jae nan
bebas 베바ㅅ	자유로운 ja yu ro un	**bendahara** 븐다하라	경리 gyeong ri
bedak 브닥	분 bun	**bensin** 벤신	가솔린 ; 휘발유 ga sol lin; hwi bal yu
begini 브기니	이렇게 i reoh ke	**berani** 브라니	용감한 yong gam han
begitu 브기뚜	그렇게 geu reoh ke	**beras** 브라ㅅ	쌀 ssal
bekas 브까ㅅ	자국 ; 전직 ja gug; jeon jik	**berat** 브랏	무거운 mu geo un
belanja 블란자	지출 비용 ji chul bi yong	**berisik** 브리식	시끄러운 si kkeu reo un

benci
븐찌

싫어하는 ; 미워하는
sil leo ha neun; mi wo ha neun

berangkat
브랑깟

출발하다 ; 떠나다
chul bal ha da; teo na da

berita	소식; 뉴스	buas	난폭한; 거친
브리따	seo sik; nyu seu	부아ㅅ	nan phok han; geo chin
biaya	비용	bubuk	가루
비아야	bi yong	부북	ga ru
biola	바이올린	bubur	죽
비올라	ba i ol lin	부부ㄹ	juk
biologi	생물학	bungkus	봉지; 포장의
비올로기	sae mul hal	붕꾸ㅅ	bong ji; pho jang eui
bonus	보너스	buruh	노동자; 근로자
보누ㅅ	bo neo seu	부루ㅎ	no dong ja; geun lo ja
bosan	지루한; 지겨운	bus	버스
보산	ji ru han; ji gyeo un	부ㅅ	beo seu
buai	흔들림	burung	새
부아이	heun deul lim	부룽	sae

C

cabang 짜방	가지 ; 지점 ; 지사 ga ji; ji jeom; ji sa
cacat 짜짯	흠, 상처 heum, sang cheo
caci 짜찌	조롱 ; 비난 jo rong; bi nan
cacing 짜찡	기생충 ; 지렁이 gi saeng chung; ji reong i
cahaya 짜하야	빛 ; 광택 bit; gwang thaek
cakar 짜까ㄹ	긴 발톱 gin bal thob
calon 짤론	후보 hu bo
cambang 짬방	구레나룻 gu re na rut
cambuk 짬복	채찍 chae jjik
camil, camilan 짜밀, 짜밀란	간식 gan sik

cabul 짜불
점잖지 못한 ; 음란한
jeom janh ji mot han; eum ran han

cabut mencabut 짜붓 믄짜붓
빼다
pae da

cair 짜이ㄹ
액체의 ; 묽은 ; 싱거운
aek che eui; mulg keun; sing geon un

cap 짭	인장 ; 직인 in jang; jik kin	cat 짯	칠 ; 도료 chil; do ryo
capek 짜뻭	지친 ; 피곤한 ji chin; phi gon han	catatan 짜따딴	기록물 ; 메모 gi rok mul; me mo
cari, mencari 짜리; 믄짜리	찾다 chaj ta	centong 쩬똥	국자 gug ja

campur   혼합된 ; 섞인 ; 모이다 ; 함께 ; 성교하다
짬뿌ㄹ   hom hab dwen; seokk kin; mo i da; ham kke;
                                             seong gyo ha da

mengecap   도장 / 인장 / 직인을 찍다
믕으짭   do jang / in jang / jik in eul cik da

capai, mencapai   이르다 ; 도달하다
짜빠이; 믄짜빠이   i reu da; do dal ha da

capai   피곤한
짜빠이   phi gon han

      kecapaian (keletihan / kelelahan)   너무 피곤한
끄짜빠이안 (끌르띠한)   neo mu phi gon han

catat, mencatat   적다 ; 기록하다 ; 필기하다
짜땃; 믄짜땃   jeok ta; gi rok ha da; phi gi ha da

cedera   약간의 흠/상처가 있는
쯔드라   yak gan eui heum/ sang cheo ga i neun

cepat 빠른
쯔빳 pa reun

ceramah 강연 ; 연설
쯔라마ㅎ gan yeon; yeon seol

cegat, mencegat 막아 세우다, 차단하다
쯔갓, 믄쯔갓 mak a se u da, cha dan ha da

cek, mengecek 검토하다 ; 검사하다
쩩, 믕으쩩 geom tho ha da; geom sa ha da

cemberut 얼굴이 부루퉁한
쯤베룻 eol gul i bu ru thung han

cemerlang 빛나다 ; 번쩍이다 ; 영특한
쯔므를랑 bich na da; beon ceok ki da; yeong theuk han

cenderung 기울다 ; 비스듬한
쯘드룽 gi ul da; bi seu deum han

cengeng 잘 우는 ; 울보의
쩽엥 chal u neun; ul bo eui

centil 멋 부리기 좋아하는 ; 애교부리는
쯘띨 meot bu ri gi joh a ha neun; ae gyo bu ri neun

cerah 밝은 ; (얼굴이) 화사한, 빛나는
쯔라ㅎ balg keun; (eol gull i) hwa sa han, bit na neun

cerewet 잔소리 많은 ; 말이 많은
쯔르왯 jan so ri manh eun; mall i manh eun

cerita 쯔리따	이야기 i ya gi	ciri 찌리	특징 ; 특색 theuk jing; theuk saek
cermat 쯔ㄹ맛	세심한 se sim han	cita 찌따	느낌 neu kkim
cetak 쩨딱	인쇄 in swae	colek 쫠렉	손끝으로 댐 son kkeut eu ro daem

ceria
쯔리아
깨끗한 ; 빛나는
kkae kkeut han; bit na neun

ceroboh
쯔로보ㅎ
무례한 ; 부주의한
mu rye han; bu ju eui han

cium; berciuman
찌움; 브ㄹ찌우만
키스하다 ; 냄새 맡다
khi seu ha da; naem sae math da

    mencium
    믄찌움
코로 냄새를 맡다
kho ro naem sae reul math da

cocok
쪼쪽
일치하는 ; 다르지 않은 ; 알맞은
il chi ha neun; da reu ji anh eun; al maj uen

corak
쪼락
무늬, 문양 ; 도안 ; 디자인
mu nuei, mun yang; co an; di ja in

cukur, bercukur
쭈꾸ㄹ/브ㄹ쭈꾸ㄹ
면도하다
myeon do ha da

| cuaca | 날씨 | cukup | 충족한 |
| 쭈아짜 | nal ssi | 쭈꿉 | chung cok han |

curi, mencuri 훔치다 ; 도둑질하다
쭈리 ; 믄쭈리 hum chi da; do duk jil ha da

curiga, mencurigai (불신 혹은 겁먹어) 주의하다
쭈리가 믄쭈리가이
(bul sin hok eun geob meok eo) ju eui ha da

D

| daerah 다에라ㅎ | 지역 ji yeok | dahulu 다훌루 | 전에 ; 이전에 jeon ne; i jeon ne |

daerah
다에라ㅎ
지역
ji yeok

dahulu
다훌루
전에 ; 이전에
jeon ne; i jeon ne

daftar
닾따ㄹ
목록
mok rok

dampak
담빡
충돌 ; 충격
chung dol; chung gyeok

dagang
다강
무역 ; 거래
mu yeok; geo rae

dasar
다사ㄹ
요지
yo ji

damai
다마이
평화 ; 평화로운
phyeong hwa; phyeong hwa ro un

dana
따나
준비금 ; 자금 ; 비용
jun bi geum; ja geum; bi yong

dandan-berdandan
단단 브ㄹ단단
치장하다 ; 단정하다
chi jang ha da; dan jeong ha da

darurat
다루랏
비상사태 ; 위급상태
bi sang sa thae; wi geub sang thae

daster
다ㅅ뜨ㄹ
헐렁하게 만든 가정용
heol ryeong ha ge man deun ga jeong yong ga un

dasi 다시	넥타이 nek tha i	dedikasi 데디까시	봉납; 봉헌 bong nab; bong heon
data 다따	자료; 데이터 ja ryo; de i theo	denda 든다	벌금 beol geum
daya 다야	행능력 haeng neung ryeok	deposito 데뽀시또	은행 예금 eun haeng ye geum
debat 드밧	논의; 토론 non eui; tho ron	derajat 드라잣	지위 ji wi
debu 드부	분진; 재 가루 bun jin; jae ga run	derajat 드라잣	각도 gak do

datar
다따ㄹ
평평한; 평탄한; 평지의
phyeong phyeong han;
phyeong than han; phyeong ji eui

daya saing
다야 사잉
생존 경쟁력
saeng jon gyeong jae ryeok

daya tahan
다야 따한
저항력; 내구력
jeo hang ryeok; nae gu reok

definisi
데피니시
설명; 정의
seol myeong; jeong eui

demokrasi
데모끄라시
민주주의; 민주주의 제도
min ju ju eui; min ju ju eui je do

derita 드리따	고통 go thong	diet 디엣	다이어트 da i eo theu
desain 드사인	디자인 di ja in	direktur 디렉뚜ㄹ	이사 i sa
detik 드띡	초 cho	diskon 디ㅅ꼰	할인 hall in

deteksi 드떽시 — 검출 ; 발견 ; 간파
geom chul; bal gyeon; gan pha

detektif 드떽띺 — 비밀 경찰관 ; 사복 경찰관
bi mil gyeong chal gwan; sa bok gyeong chal gwan

dewasa 데와사 — 성인의 ; 어른의
seong in eui; eo reun eui

diam 디암 — 조용한 ; 말없는 ; 과묵한
cho yong han; mal eobs neun; gwa muk han

didik; mendidik 디딕; 믄디딕 — 교육시키다
gyo yuk si khi da

dinamis 디나미ㅅ — 힘 있는 ; 활기찬 ; 힘센
him i neun; hwal gi chan; him sen

dini 디니 — 새벽녘의 ; 초기의
sae byeok neok eui; cho gi eui

doa 도아	기도 gi do	dosen 도센	강사 ; 교수 gang sa; gyo su
dokter 독뜨ㄹ	의사 eui sa	duka 두까	슬픈 ; 비탄 seul peun; bi than
dokumen 도꾸멘	문서 ; 서류 mun seo; seo ryu	dunia 두니아	지구 ji gu
domestik 도메ㅅ띡	국내의 gug nae eui	dusun 두순	마을 mau eul
dongeng 동엥	동화 ; 이야기 dong hwa; i ya gi		

diskualifikasi
디ㅅ꾸알리피까시
자격 박탈 ; 실격
ja gyeok bak thal; sil gyeok

dosa
도사
종교 / 도덕상의 죄
jong gyo / do deok sang eui jwe

dugaan
두가안
예상 / 추정 결과
ye sang / chu jeong gyeol gwa

E

Edisi	판 ; 간행
에디시	phan; gan heang

editor	편집자
에디또ㄹ	phyeon jib ja

efektif	효력이 있는
에펙띺	hyo ryeok i i neun

efisiensi	효율
에피시엔시	hyo yul

egois	이기주의자
에고이ㅅ	i gi ju eui ja

ekonomi	경제
에꼬너미	gyeong je

ekspedisi	편지
엑뻬디시	phyeon ji

eksperimen	실험 ; 시험
엑뻬리멘	sil heom; si heom

ekspor	수출
엑뽀ㄹ	su chul

ekspresi	표현
엑뻬디시	phyo hyeon

elegan	우아한
엘레간	u a han

elektronik	전자제품
엘렉뜨로닉	jeon ja je phum

elite	엘리트
엘릿	el li theu

elpiji	액화가스
엘삐지	eak hwa ga seu

emas	금
으마ㅅ	geum

emigrasi	이주 ; 이민
애미그라시	i ju; i min

emosi 에모시	감동 gam dong	enggan 응간	싫어하다 silh eo ha da
empuk 음뿍	부드러운 bu deu reo un	etika 에띠까	윤리학 ; 도덕론 yun li hak; do deok ron
enak 에낙	맛있는 ma si neun	evaluasi 에발루아시	평가 phyeong ka
encer 엔쩨ㄹ	연한 yeon han		

erat 단단히 조여진 ; 견고한 ; 강한
으랏 dan dan hi jo yeo jin; gyeon go han; gang han

etnik 인종의 ; 민족의 ; 민족 특유의 ; 인종[민족]학(상)의
엣닉 in jong eui; min jokk eui; min jok theuk yu eui;
in jong[min jok]hak(sang) eui

F

fakta 팍따	실제 ; 사실 sil je; sasil	favorit 파보릿	좋아하는 것 jo a ha nen geot
faktor 팍또ㄹ	요인 ; 인자 ; 요소 yo in; in ja;yo so	feminisme 페미니ㅅ메	여권주의 yeo gwonjueui
fanatik 파나띡	맹신적인 meang sin jeok in	fiktif 픽띺	허구적인 heogujeok in
fauna 파우나	동물계 dong mulgye	film 필름	필름 ; 영화 phileum; yeonghwa

fasilitas
빠실리따ㅅ
편의시설 ; 설비
phyeoneuisiseol; seol bi

fatal
파딸
치명적인 ; 숙명의
chi myeongjeokkin; sukmeongeui

firasat
피라삿
선견지명 ; 예감 ; 감지
seongyeonjimyeong; ye gam; gam ji

fleksibel
플렉시블
구부리기 쉬운 ; 휘기 쉬운
guburigiswi un; hwigiswi un

fitnah 핏나ㅎ	중상 ; 비방 hung sang; bi bang	formula 포ㄹ물라	수학의 공식 suhakeuigong sik
fokus 포꾸ㅅ	초점 ; 중심 cjojeom; jungsim	foto 포또	사진 sajin
fondasi 폰다시	건물기초 ; 토대 geonmulgicho; thodae	frustasi 프루ㅅ뜨라시	좌절 ; 차질 jwajeol; cha jil

flora 식물계 ; 식물군
플로라 sikmulgye; sikmul gun

fungsi 직무 ; 직책 ; 직능 ; 기능을 하다
풍시 jik mu; jikchaek; jikneung; gineungeul ha da

G

gadis 가디ㅅ	소녀 ; 숙녀 so nyeo; suk nyeo	hari gajian 하리 가지안	월급날 wol geub nal
gairah 가이라ㅎ	열망 ; 의욕 yeol mang; eui yok	gambar 감바ㄹ	그림 geu rim
gaji 가지	월급 ; 봉급 wol geup; bong geb	gampang 감빵	쉬원 swin won
~ bulanan 불라난	월급 wol geub	ganas 가나ㅅ	야성의 ya seong eui

gagap, menggagap
가깦; 믕가깦   말을 더듬다
                                         mal eul deo deum da

menggaji   –에게 봉급을 주다
믕가지   -e ge bong geubb eul ju da

saya tidak dapat ~memberi gaji lebih dari itu
        나는 그 이상의 봉급을 줄 수 없다
사야 띠닥 다빧 ~믐브리 가지 르비ㅎ 다리 이뚜
   na neun geui sang eui bong geubeul jul su eob ta

ganggu, mengganggu   집적거리다
강구, 믕강구   jib jeok geo ri da

ganti 간띠	대체 dae che	**gatal** 가딸	가려운 garyeo un
garansi 가란시	보증 bo jeung	**gaun** 가운	가운 ga un
garasi 가라시	차고 cha go	**gelap** 글랖	어두운 eo du un
gardu 가ㄹ두	초소 ; 위병소 cho so; wi byeong so	**gelar** 글라ㄹ	학위 ; 타이틀 hak kwi; tha i theul
gasing 가싱	팽이 phaeng i	**gembok** 금복	자물통 ; 자물쇠 ja mul thong; ja mul swe

garuk, bergaruk-garuk
가룩, 브ㄹ가룩-가룩
긁다
geulg ta

gaul, bergaul
가울; 브ㄹ가울
사귀다 ; 교제하다
sa gwi da; gyo je ha da

gelagat
글라갓
징후 ; 조짐 ; 움직임
jing hu; jo jim; um jik im

gemas
그마ㅅ
아주 기분 나쁜 ; 열받다
a ju gi bun na peun; yeol bad da

gemetar
그므따ㄹ
무서워 몸을 부르르 떨다
mu seo wo mom eul bu reu reu teol da

genius 즈니우ㅅ	천재적인 cheon jae jeok in
geografi 그오그라피	지리(학) ji ri(hak)
gereja 그레자	교회 gyo hwe
gerimis 그리미ㅅ	보슬비 ; 이슬비 bo seul bi; i seul bi
giat 기앗	열심히 yeol sim hi
gila 길라	미친 mi chin
globalisasi 글로발리사시	세계화 se gye hwa
golongan 골롱안	부류 ; 그룹 bu ryu; geu rup

generasi 그느라시   한 시대의 사람들 ; 세대
han si dae eui sa ram deul; se dae

gerombol, bergerombol 그롬볼; 브ㄹ그롬볼   집단을 이루다
jib dann eul i ru da

geser, bergeser 게세ㄹ, 브ㄹ게세ㄹ   문지르다
mun ji reu da

global 글로발   포괄적인 ; 세계적인
pho gwal jeok in; se gye jeokk in

gores 고레ㅅ   줄 ; 낙서줄
jul; nak seo jul

gosip 고싶   남에 대한 구설 ; 함담 ; 험담
nam me dae han gu seol; ham dam; heom dam

gorden 고ㄹ덴	커튼 kheo theun	**grup** 그룹	단체 ; 집단 dan che; jib dan
grosir 그러시ㄹ	도매상 do mae sang		

bergosip 브ㄹ고싶 — 험담을 하다 ; 수다를 떨다 ; 한담을 하다
heom damm eul ha da; su da reul teol da; han damm eul ha da

H

hadiah 하디아ㅎ	선물 seonmul	halaman 할라만	페이지 ; 책의쪽 pheiji; cheakeuic cok
hadir 하디ㄹ	참석하다 chamseok ha da	halangan 할랑안	장애 ; 걸림돌 jangea; geollimdol
hafal 하팔	암기한 am gihan	halo (di telepon) 할로	여보세요 yeo bo se yo
hakim 하낌	판사 phansa	halus 할루ㅅ	미세한 ; 부드러운 mi se han; budeu reo un
halaman 할라만	집마당 jib ma dang	hambatan 함바딴	억제 ; 더딤 eok je; deo dim

habis
하비ㅅ
다 써 버린 ; 다소비 한
dassobeolin: da so bi han

haji
하지
무슬림의 성지 순례
mu seunlimeuiseongji sun lye

halal
할랄
허락된 ; 용인된 ; 합법적인 ; 합법적으로 허용된
heo lag dwen;yong in dwen;habbeobjeog in;
habbeobjeogeu loheoyongdwen

hamba 노예; 종복; (나에 대한 스스로 낮춤말) 소인; 제가
함바　　No ye; jongbok; (na e daehanseuseuro naj chum mal) so in; je ga

hampir 조금 부족한; 거의
함삐ㄹ　　jogeumbujokhan; goeeui

heran (보거나 듣고) 이상하게 느끼는; 놀란
헤란　　(bo geo nadeud go) i sang ha ge neukkineun; neollan

hidangan 접대 음식; 공연물; 상연물
히당안　　jeob dae eum sik; geong yeon mul; sang yeon mul

hidup 살아 있는; 거주하다; 살아가다; 생계를 꾸려
히둪　　나가다; 유지하다; 남아 있다; 존재하다; 존속하다; 지속하다; 등불, 전기, 기계 등이 켜져 있다 / 움직이다; 언어, 전통 등이 사용되다 / 유지되다; 장사가 잘 되다; 살아 있는 듯한; 진짜처럼 보이다; (외침소리) 만세
sal a ineun; geo ju ha da; sal a ga da; saenggye reul kkuryeo naga da; yuji ha da; nam a I da; jonjae ha da; jonsok ha da; jiseok ha da; deungbul; jeongi; gigyedeungIkhyeojyeoI da / um jikI da; eon eo; jeon thong deung Isayong dweda / yujidwe da; jangsag ajaldwe da; sal a Ineundeuthan; jinjjacheoreomboi da; (wichim so ri) man se

hamil 하밀	임신하다 im sin ha da	**harapan** 하라빤	희망 ; 기대 heuimang; gidae
hancur 한쭈ㄹ	깨지다 ; 박살나다 kkaeji da; baksalna da	**harga** 하ㄹ가	가격 ; 값 gagyeok; gabs
handuk 한둑	수건 sugeon	**harmoni** 하ㄹ모니	희망 ; 기대 heui mang; gi dae
hantu 한뚜	유령 ; 귀신 yuryeong; gwi sin	**hiasan** 히아산	장식품 jang sik phum

hilang 힐랑

잃어 버리다 ; 없어지다
ilh eo beo ri da; eobs eo ji da

hutan 후딴

숲 ; 산림 ; 야생
sup; san lim; ya saeng

~ belantara
~ 블란라

정글
Jeong geul

harum 하룸

향기로운 ; 칭송이 자자한 ; 유명한
hyang gi ro un; ching song i ja ja han;
yu myeong han

hasrat 하스랏

열망 ; 간절함 ; 소망
yeolmang; ganceol ham; so mang

perhatian 쁘ㄹ하띠안

관심 ; 흥미 ; 관찰
gwansim; heung mi; gwan chal

155

hebat 헤밧	대단한 dae dan han	hitung 히뚱	셈을 하다 sem meul ha da
helikopter 헬리꼽뜨ㄹ	헬리콥터 hel li khop theo	hobi 호비	취미 chwi mi
helm 헴	헬멧 hel met	hormat 호ㄹ맛	존경하는 jon gyeong ha neun
hemat 헤맛	세심한 se sim han	hotel 호뗄	호텔 ; 여관 ho thael; yeo gwan

hemat
헤맛

돈 쓰는 데 주의하는
donsseuneun de jueui ha neun

henti
흔띠

정지 ; 멈춤 ; 휴지
jeongji; meom chum; hyuji

hipnotis
힢노띠ㅅ

최면 상태의
chewmyeon sang thaeeui

hujan
후잔

비 ; 강우 ; 우천 ; 세례 ; 쏘다짐
bi; gang u; u cheon; se rye; sso da jim

huruf
후룹

문자 ; 글자
mun ja; geul ja

  ~ **kapital**
  ~까삐딸

대문자 ;
Dae mun ja;

  ~ **kecil**
  ~ 끄찔

소문자 ;
~ so mun ja

  ~ **konsonan**
  ~꼰소난

자음 ;
Ja eum;

  ~ **tebal**
  ~뜨발

굵은 글씨 ;
~ gulg eun geul ssi

    ~ **Romawi/ ~ Latin**
    ~로마위 / ~라띤

라틴어 ;
La thin eo

  ~ **vokal**
  ~보깔

모음
Mo eum

I

| iblis | 악마 | iklan | 광고 ; 선전 |
| 입리ㅅ | ak ma | 이클란 | gwang go; seonjeon |

ibadat 계율실행 행위 ; 숭배, 찬양행위 ; 예배 ; 종교의식
이바닷 gye yul sil haeng haeng wi; sung bae; chan yang haeng wi; ye bae; chong gyo eui sik

identifikasi (사람, 물건의) 신원 / 정체의 확인 혹은 인정 ;
이덴띠피까시 (동일하다는) 증명, 확인, 감정 ;
(정신의학) 동일시(화)
(sa ram; mulgeoneui) sin won / jeongcheeuihwak in hokeunin jeong; (dong il ha da neun) jeungmyeong, hwag in, gam jeong; (jeong sin euihak) dong ilsi(hwa)

identitas 정체 ; 신분 ; 신원 ; 본인임 ; 주체성
이덴띠따ㅅ jeongche; sin bun; sin won; bon in im; jucheseong

idola 우상 ; 신상 ; 사신상 ; 숭배되는 사람 / 것 ;
이돌라 경애의 대상
u sang; sin sang; sa sin sang sung baedweneunsa ram / geot; gyeongaeeuidae sang

iklim	기후	importir	수입업자
익끄림	gihu	임뻐ㄹ띠르	suibeobja

ikut 따르다
이꿋 ta reu da

imajinasi 상상(력)
이마지나시 sang sang(ryeok)

iman 신앙
이만 sin ang

imigrasi 이주 ; 이민
이미그라시 I ju ; I min

industri 산업 ; 공업
인두ㅅ뜨리 san eob; gong eob

~ berat 중공업
~브랏 Jung gong eob

~ manufatur 제조업
~마누팍뚜ㄹ Je joeob

infeksi 전염
인펙시 jeonyeop

ikat 끈 ; 줄 ; 밴드
이깟 kkeun; jul; baendeu

~ pinggang 허리를 졸라 매다 ; 절약하다
~뼁깡 Heorireuljol la mae da; jeoll yak ha da

imitasi 모방 ; 모조 ; 모작
이미따시 mo bang; mojo; mojak

impor 수입 ; 외국에서 들여옴
임뽀ㄹ suib; we gug e seodeul yeo um

impresif 강한 느낌 / 인상을 주는 ; 감동적인
임쁘르싶 gang hanneukkim / in sang euljuneun; gam dong jeokk in

| ingatan | 기억 | inspeksi | 감찰 |
| 잉앗안 | gieok | 인ㅅ뻭시 | gam chal |

| ingin | 원하다 | inspirasi | 영감 |
| 잉인 | won ha da | 인ㅅ삐라시 | yeong gam |

| insan | 인간 | insting | 본능의 |
| 인산 | in gan | 인ㅅ띵 | bon neungeui |

imut-imut
이뭇-이뭇
작고 예쁜, 사랑스런
jak go ye peun, sa rang seureon

indekos
인데꼬ㅅ
하숙하다 ; 기숙하다
ha suk ha da; gisuk ha da

informasi
인포ㄹ마시
정보, 지식의 통지 ; 전달 ; 보도 ; 소식
jeongbo, jisikeui thong ji; jeon dal;
bo do; so sik

ingat
잉앗
기억하다, 잊지 않다 ; 깨닫다(sadar) ;
관심을 갖다 ; 염두에 두다
Gieok ha da, ijjianh da; kkae dad da(sadar)
Gwansimeulgaj da; yeom du e du da

ingin tahu
잉인 따후
호기심
ho gisim

keingintahuan
끄잉인따후안
알고자 하는 상황 혹은 일들 ; 호기심
al go ja ha neunsang hwang
hok keun il deul; ho gisim

instruktur 인ㅅ뜨룩뚜ㄹ	교사(pengajar) gyosa	**irit** 이릿	절약하는 jeol yak ha neun
irama 이라마	음률 ; 리듬 eumryul; li deum	**isolasi** 이솔라시	격리 ; 분리 gyeok li; bun li
iri 이리	질투하다 jilthu ha da	**isu** 이수	돌출 문제 ; 이슈 dolchulmun je; I su

instrumen
인ㅅ뜨루멘

기구 ; 기계 ; 도구
gig u; gig ye; do gu

inteligen
인뗄리젠

지적인 ; 총명한
jijeok in; chongmyeonghan

istimewa
이ㅅ띠메와

특별한(khas; khusus) ;
theukbyeolhan

  terutama; lebih-lebih
  뜨ㄹ우따마;르비ㅎ-르비ㅎ

특히
Theuk ki

  keistimewaan
  끄이ㅅ띠메와안

특성 ; 특색
theukseong; theuksek

istirahat
이ㅅ띠라핫

휴식을 취하다
hyusikeulchwi ha da

izin
이진

허가 ; 승낙 ; 승인
heoga: seungnak; seung in

K

kacamata	안경렌즈	kalimat	문장
까짜마따	an gyeong len jeu	깔리맛	mun jang

kacang	콩	kalkulasi	지출명세
까짱	khong	깔꿀라시	ji chul myeong se

kalender	달력	kakulator	계산기
깔렌드ㄹ	dal lyeok	깔꿀라또ㄹ	gye san gi

kabel　　　　　　　　　　　전선 ; 굵은 동선 ; 케이블
까블　　　　jeon seon; geulg eun dong seon; khe i beul

kaca　　　　　　　　　　　유리 ; 거울 ; 모범 ; 본보기
까짜　　　　　　yu ri; geo ul; mo beom; bon bo gi

kafetaria　　　　　　　　　　　카페테리아 식당
까페따리아　　　　　　　　kha phe the ri a sik dang

kaku　　　　　　　　　　　　딱딱한 ; 뻣뻣한
까꾸　　　　　　　　　tak ta khan; ppeot ppeot han

　　tubuhnya sudah ~　　　　　　몸이 뻣뻣하다
　　뚜부ㅎ냐 수다ㅎ~　　　　mom I ppeot ppeot ha da

| kalori 깔로리 | 칼로리 khal lo ri | kancing 깐찡 | 단추 dan chu |

| kamar 까마ㄹ | 방 ; 실 bang; sil | kandang 깐당 | 우리 u ri |

| kampanye 깜빠녜 | 유세 yu se | kantong 깐똥 | 주머니 ju meo ni |

| ampong 깜뽕 | 시골마을 si gol ma eul | kantor 깐또ㄹ | 사무실 sa mu sil |

| kamus 까무ㅅ | 사전 sa jeon | kapasitas 까빠시따ㅅ | 용적 yong jeok |

kampungan
깜뿡안
촌스런 ; 어색한
chon seu reon; eo saek han

karakter
까락뜨ㄹ
특성 ; 인격
theuk seong; in gyeok

karantina
까란띠나
격리장소 ; 검역소
gyeok li jang so; geom yeok so

karier
까리에ㄹ
경력 ; 이력
gyeong lyeok; I ryeok

bekarier
브ㄹ까리에ㄹ
이력을 쌓다 ; 이력을 위해 일하다
I ryeok eul ssah da;
I ryeok eul wi hae il ha da

karunia 까루니아	은총 ; 보답 eun chong; bo dang	**kawin** 까윈	성교하다 seong gyo ha da
karyawan 까ㄹ야완	직원 jik won	**kedai** 끄다이	구멍가게 gu meong ga ge
kasur 까수ㄹ	매트리스 mae theu ri seu	**kekal** 끄깔	영원한 yeol won han
kata 까따	단어 ; 낱말 dan eo; nath mal	**kelas** 끌라ㅅ	학년(tingkat) ; 교실 hak nyeon; gyo sil

kasar 까사ㄹ   (천, 알갱이 따위의) 결이 굵은 / 큰 ; 행동이 거친
(cheon, al gaeng I ta wi eui) gyeol I gulfg eun / keun; haeng dong I geo chin

kaya 까야   부유한 buy yu han

  memperkaya 음쁘ㄹ까야   더 부유 / 풍요하게 만들다 deo bu yu / pong yu ha ge man deul da

kecewa 끄쩨와   유감스런 ; 실망한(kecil hati; tidak puas) yu gam seu reon; sil mang han

  mengecewakan 믕에쩨와깐   실망시키다 sil mang si khi da

kecil hati 하띠 끄찔   마음이 여린(tersinggung) ; 실망하다 ma eum I yeo lin; sil mang ha da

kemeja 남자 와이셔츠
끄메자 nam ja wa I sya cheu

kentut 방귀
끈뚯 bang gwi

keliru / salah 틀린 ; 잘못된 ;
끌리루 / 살라ㅎ theul lin; jal mot dwen

anggapan yang ~ 잘못된 생각
앙가빤 양 jal mot dwen saeng gak

kembali (본래의 장소로) 되돌아 오다 ; 다시 ; 재차 ;
끔발리 (감사의 말에 대한 대답으로) 천만에요
(bon lae eui jang so ro) dwi dor a o da; Da si;
jae cha; (gam sa eui mal e dae han Dae dab eu ro)
cheon man e yo

mengembalikan 되돌려 놓다 ; 돌려주다
믕음발리깐 dwi doll yeo noh da; doll yeo ju da

kenangan 추억 ; 느낌 ; 기억
끄낭안 chu eok; neu kkim ki eok

kenang-kenangan 추억의 기념품 ; 또렷이 남는 추억
끄낭-끄낭암 혹은 기억 ; 이상
chu eok eui gi nyeom phum; to ryeot si nam
neun chu eok; hokk eun gi eok; i sang

kendala 방해 / 방해물 ; 장애 / 장애물
끈달라 bang hae / bang hae mul; jang ae / jang ae mul

keong	큰 달팽이	klasifikasi	분류
께옹	kkeun dal phaeng i	끌라시피까시	bun ryu

kekhasan	특성	klien	고객
끄카산	theuk seong	끌리엔	go gae

kiri	왼쪽	klinik	건강 진료
끼리	wen jjok	끌리닉	geon jang jin ryo

kirim v, berkirim	보내다	komedi	희극 ; 코메디
끼림, 브ㄹ끼림	bo nae da	꼬메디	hwi geun; kho me di

ketua
께뚜아   연장자 ; 의장 ; 회장
yeon jang ja; eui jang; hwe jang

khas, orijinal
카ㅅ, 오리지날   독특한(milik sendiri) ;
dok theuk han(밀릭 슨디리)

특별한(khas; spesial; istimewa)
Theuk byeol han(카ㅅ; 스뻬시알; 이ㅅ띠메와)

khusus
쿠수ㅅ   특별한 ; 특수한
theuk byeol han; theuk su han

kitab
끼땁   경전 ; 서적 ; 책
gyeong jeon; seo jeok; chaek

klasik
끌라식   고품격의 ; 고전의
go phum gyeok eui; go jeon eui

koleksi
꼴렉시   수집 ; 채집 ; 모음
su jib; chae jib; mo eum

komik 만화 꼬믹 man hwa	**koneksi** 연결 꼬넥시 yeon gyeol
kompetisi 시합 꼼뻬띠시 si hab	**konsumsi** 소비 껀숨시 so bi
kompetitor 경쟁자 꼼뻬띠떠ㄹ gyeong jaeng ja	**kontak** 접촉 ; 내왕 껀딱 jeob chok; nae wang
komputer 컴퓨터 껌뿌뜨ㄹ kheom phyu theo	**kontaminasi** 더러워짐 껀따미나시 theo reo wo jim
kondisi 조건 ; 상태 껀디시 jo geon; sang thae	**kontes** 경기 껀떼ㅅ gyeong gi

konsisten 일관된 ; 변치 않는
껀시ㅅ뗀 il gwan dwen; byeon vhi anh neun

konsultan 컨설턴트 ; 자문관 ; 상담사
껀술딴 kheon seol theon theu; ja mun gwan; sang dam sa

kontrol 감독 ; 단속
껀뜰롤 gam dok; dan sok

  mengkontrol 감독하다
  믕껀뜨롤 gam dok ha da

  terkontrol 통제할 수 있는
  뜨ㄹ껀뜨롤 thong je hal su I neun

kontrak 꼰뜨락	계약 gye yak	**kredit** 끄르딧	신용 ; 신뢰 sin yong; sin rwe
kotak 꼬딱	상자 sang ja	**krisis** 끄리시ㅅ	위기의 wi gi eui

koordinasi
꼬오ㄹ디나시

동등 ; 대등
dong deung; dae deung

koper
꼬뻬ㄹ

여행용 가방
yeo haeng yong ga bang

koreksi
꼬렉시

정정 ; 교정 ; 수정
jeong jeong; gyo jeong; su jeong

kualifikasi
꾸알리피까시

전문가 자격 ; 능력
jeon mun ga ja gyeok; neung ryeok

kuliah
꿀리아ㅎ

대학의 수업 ; 강의
dae hak eui su eob; gang eui

kunci
꾼찌

자물쇠와 자물통의 통칭 ; 문고리 ; 기계작동
스위치 ; 해답서, 자습서 ; 관절 ; 핵심 직위 /
보직 ; 해답 ; 해결의 열쇠 / 실마리
ja mul swe wa ja mul thong eui thong ching;
mun go ri; gi gye jak dong seu wi chi;
hae dab seo, ja seub seo; gwan jeol; haek sim jik wi /
bo jik; hae dab; hae gyeol eui yeol swe / sil ma ri

| kuis | 퀴즈 | kupon | 쿠폰 |
| 꾸이ㅅ | khwi jeu | 꾼뽄 | khu phon |

| kuitansi | 영수증 | kurir | 급송 배달부 |
| 꾸이딴시 | yeong su jeung | 꾸리ㄹ | geub song bae dal bu |

kunyah, mengunyah 씹다
꾸냐ㅎ; 등운야ㅎ ssib da

L

laba-laba 라바-라바	거미 geo mi	lantai 란따이	바닥 ba dak
lafal 라팔	발음 bal eum	level 레쁠	단계; 등급 dan gye; deung geum
lagu 라구	곡; 노래 gok; no rae	liar 리아ㄹ	야생의 사나운 (buas) ya saeng eui sa na un
lahir 라히ㄹ	태어나다 thae eo na da	licin 리찐	미끄러운 mi kkeu reo un
lama 라마	기간이 긴 gi gan I gin	limau 리마우	레몬 le mon

lancar
란짜ㄹ

원활한; 끊임이 없는
won hwal han; kkeun im I eobs neun

langsing
랑싱

호리호리한; 날씬한
ho ri ho ri han; nal ssin han

lipat
리빳

접다; 겹; 곱; 배
jeob da; gyeob; gob; bae

longgar 롱가ㄹ	널널한 neol neol han	lusin 루신	다스; 12개 da seu; yeol thu gae
lupa 루빠	기억을 못하다 gi eokk eul mot ha da		

lokal 로깔   넓은 공간; 지엽적인
neolb eun gong gan; ji yeob jeok in

lumayan 루마얀   적당한; 충분한
jeok dang han; chung bun han

lurus 루루ㅅ   반듯한; 일직선의
ban deut han; il jik seon eui

M

maaf 마앞	용서 yong seo	**main** 마인	놀이하다 nol i ha da
mabuk 마북	술에 취한 sul e chwi han	**majalah** 마잘라ㅎ	잡지 jab ji
macam 마짬	종류 jong ryu	**malas** 말라ㅅ	게으른 ge eu reun
mafia 마피아	마피아 ma phi a	**malu** 말루	부끄러운 bu kkeu reo un
mahal 마할	값이 비싼 gabs i bi ssan	**mancung** 만쭝	뾰족한 bbyo jok han

macet
마쯧
제 기능을 상실한 잃은
je gi neung eul sang sil han ilh eun

mahasiswi
마하시ㅅ와
여자 대학생
yeo ja dae hak saeng

makmur
막무ㄹ
생산이 많은 ; 주민이 많고 번성한
saeng san i manh eun;
ju min i manh go beon seong han

kemandirian 자립 ; 독자성 끄만디리안 ja rib; dok ja seong	**mati** 죽다 마띠 juk da
manfaat 효용 ; 유용 만파앗 hyo yong; yu yong	**mebel** 가구 메벨 ga gu
manja 버릇없는 만자 beo reos eobs neun	**medis** 의학의 메디ㅅ eui hak eui
mantan 전직 만딴 jeon jik	**memori** 기억 메모리 gi eok
mata-mata 간첩 ; 스파이 마따-마따 gan cheob; seu pha i	**menang** 승리하다 ; 이기다 므낭 seung ri ha da; I gi da

mandiri 자립한 ; 독자적인
만디리 ja rib han; dok ja jeok kin

manipulasi 교묘히 다루기 ; 조종
마니뿔라시 gyo myo hi da ru gi; jo jong

mantap 단호한 ; 결연한
만땊 dan ho han; gyeol yeon han

mbak 자와 지역에서 나이 든 여성에 대한 호칭 ;
ㅁ박 젊은 여성에 대한 호칭
Ja wa ji yeok e seo na i deun yeo seong e
dae han ho ching; jeolm eun yeo seong e
dae han ho ching

menantu 므난뚜	며느리 myeo neu ri	mimpi 밈삐	꿈 kkum
menstruasi 믄ㅅ뜨루아시	월경 wol gyeong	mobil 모빌	자동차 ja dong cha
mentega 믄따ㅎ	버터 beo theo	motif 모띺	문양; 무늬 mung yang; mu neui
migran 미그란	이주자; 이민자 i ju ja; i min ja	motivasi 모띠바시	자극; 유도 ja geuk; yu do

mentah
믄따ㅎ
익지 않은; 덜 익은
ik ji anh eun; deol ik keun

minyak
민약
기름; 지방; 유(油)
gi reum; ji bang; yu

~ angin
~ 앙인
두통에 바르는 기름
Du theong e ba reu neun gi reum

~ bumi
~ 부미
석유
Seok kyu

~ mesin
~ 므신
윤활유
Yun hwal yu

~ suci
~ 수찌
성유(聖油)
Seong yu

~ tanah
~ 따나ㅎ
석유
Seok kyu

mual 무알	토할 것 같은 tho hal geot gatht theun	murni 무ㄹ니	순수한 sun su han
mundur 문두ㄹ	후진하다 hu jin ha da		

mulia 물리아   숭고한 ; 고매한 ; 고귀한
sung go han; go mae han; go gwi han

mulus 물루ㅅ   깨끗한 ; 뽀얀 ; 원활한
kkae kkeut han; po yan; won hwal han

M

N

nafkah 낲까ㅎ	생활비 saeng hwal bi	**naskah** 나ㅅ까ㅎ	손으로 쓴글 son eu ro sseun geul
nama 나마	이름 i reum	**natural** 나뚜랄	자연의 ja yeon heul
nanas 나나ㅅ	파인애플 pha in ae pheul	**negara** 느가라	나라 na ra
nanti 난띠	나중 na jung	**nekat** 네깟	독한 dok han
napas 나빠ㅅ	숨 sum	**neraka** 느라까	지옥 ji ok
nasi 나시	밥 bab	**nilai** 닐라이	가격 ga gyeok
nasihat 나시핫	충고 ; 권고 chung go ; gwon go	**normal** 노르말	정상의 jeong sang eui
nasionalis 나시오날리ㅅ			민족주의자 min jok ju eui ja

nyamuk 냐묵	모기 mo gi
nyaman 냐만	건강한 ; 신선한 geon gang han ; sin seong han
kenyamanan 끄냐마난	신선함 ; 개운함 ; 즐거움 ; 유쾌함 sin seong ham ; gae un ham ; jeul geo um ; yu khwae ham
nyata 냐따	분명한, 명백한, 확실한 ; 증명되다 bun myeong han, myeong baek han ; hwak sil han ; jeung myeong dwe da
nyawa 냐와	생명 ; 목숨 saeng myeong ; mok sum

N

O

obat 오밧	약 yak	oleh-oleh 올레ㅎ-올레ㅎ	선물 seon mul
~ cacing ~ 짜찡	구충제 gu chung je	ombak 옴박	파도 pha do
odol 오돌	치약 chi yak	optimal 옾띠말	최선의 chew seon eui

obral
오브랄
재고정리 판매하다
jae go jeong ri phan mae ha da

mengobral
믕오브랄
할인 판매하다
hal lin phan mae ha da

obralan
오브랄란
세일 / 대량 판매 상품
se il / dae ryang phan mae sang phum

olahraga
올라ㅎ라가
체육 ; 스포츠 (sport)
che yuk; seu pho cheu

ongkos
옹꼬ㅅ
소비용 ; 요금 ; 소요경비 / 인건비
so bi yong; yo geum;
so yo gyeong bi / in geon bi

optimis 옾띠미ㅅ	낙천가 nak cheon ga	**otak** 오딱	뇌 ; 두뇌 ; 머리 new; du new; meo ri
orang 오랑	사람 sa ram	**otot** 오똣	근육 geun yuk
orang-orangan 오랑-오랑안	허수아비 heo su a bi		

operasi
오쁘라시
수술
su sul

    beroperasi
    브ㄹ오쁘라시
작업하다
jakk eob ha da

    mengoperasikan
    믕오쁘라시깐
운용하다 ; 경영하다
un yong ha da; gyeong yeong ha da

organik
오ㄹ가닉
조직적 ; 계통적
jo jik jeok; gye thong jeok

P

pabrik 빠브릭	공장 gong jang	pahit 빠힛	쓴 sseun
pacar 빠짜ㄹ	애인 ae in	palsu 빨수	가짜의 ; 위조의 ga jja eui; wi jo eui
padi 빠디	벼 byeo	panas 빠나ㅅ	더운 ; 뜨거운 deo un; teu geo un
pagar 빠가ㄹ	울타리 ; 담 ul tha ri; dam	pemandangan 쁘만당안	관찰 ; 시력 gwan chal; si ryeok

pandangan 응시 ; 견문 ; 지식 ; 의견
빤당안 eung si; gyeong mun; ji sik; eui gyeon

pangsa 두리안처럼 씨방에 따른 열매의 분절 ;
빵사 부분 ; 몫 ; 총계 ; 손금 ; 돌의 결 / 무늬
du ri an cheo reom ssi bang e ta reun yeol mae eui
bun jeol; bu bun; moks; chong gye; son geum;
dol eui gyeol / mu neui

~ pasar 시장판매 부분 / 몫
빠사ㄹ si jang pan mae bu bun / mogs

panggang 빵강	굽다 gub da	paspor 빠ㅅ뻐ㄹ	여권 yeo gwon
pantai 빤따이	해변 ; 해안 hae byeon; hae an	payung 빠융	우산 u san
paragraph 빠라그랍	문단 mun dan	peduli 쁘둘리	신경쓰다 sin gyeong sseu da
parkir 빠ㄹ끼ㄹ	주차하다 ju cha ha da	peluang 쁠루앙	기회 ; 호기 gi hwe; ho gi

pantas
빤따ㅅ
적당한 ; 어울리는
jeok dang han; eo ul li neun

  memantaskan
  므만따ㅅ깐
치장하다
chi jang ha da

  sepantasnya
  스빤따ㅅ냐
합당한 ; 적합한 ; 알맞은 ; 당연히
hab dang han; jeok hab han;
al majj eun; dang yeon hi

pariwisata
빠리외사따
관광(turis; pelancongan)
gwan gwang

pasrah
빠ㅅ라ㅎ
승복하다 ; 복종하다
seung bok ha da; bok jong ha da

patut
빠뜻
합당한 ; 마땅한
hab dang han; ma tang han

P

penasaran 초조한
쁘나사란 cho jo han

periode 기간
쁘리오드 gigan

pepatah 속담 ; 격언
쁘빠따ㅎ sok dam; gyeokk eon

pesan 요청
쁘산 yo cheong

pendeta 목사 ; 힌두교법사 ; (고대문학에서) 수도자
쁜데따 mog sa; hin du gyo beob sa;
(go dae mun hak e seo) su do ja

pengaruh 세력 ; 위력
쁭아루ㅎ se ryeok; wi ryeok

berpengaruh 영향이 미치다 ; 영향을 갖다
브ㄹ쁭아루ㅎ yeong hyang i mi chi da;
yeong hyang eul gaj da

mempengaruhi −에 영향을 끼치다
음쁭아루히 -e yeong hyang eul kki chi da

perangai 성질 ; 성격 ; 개성
쁘랑아이 seong jil; seong gyeok; gae seong

percaya 믿다 ; 신뢰하다 ; 확신하다
쁘ㄹ짜야 mit ta; sin lwe ha da; hwak sin ha da

percuma 쓸모없는 ; 쓸데없는
쁘ㄹ쭈마 sseul mo eobs neun; sseul te eobs neun

pijat v, memijat 누르다, 압박하다 ; 맛사지하다
삐잣, 므미잣 no reu da, ab bak ha da; mat sa ji ha da

pesona 쁘소나	매력 mae ryeok	poster 뻐ㅅ뜨르	포스터 pho seu theo
pilot 삘롯	비행사 ; 조종사 bi haeng sa; jo jong sa	pramugari 쁘라무가리	여승무원 yeo seung mu won
populasi 뻐뿔라시	인구 in gu	prediksi 쁘르딕시	예언 ; 예측 ye eon; ye cheuk
porsi 뻐ㄹ시	부분, 몫 bu bun, mogs	presiden 쁘레시덴	대통령 dae thong ryeong

pinjam v, meminjam
삔잠, 므민잠
빌리다
bil li da

piring
삐링
접시 ; 접시 모양의 물건 ; 구획, 두락
jeob si; jeob si mo yang eui mul geon;
guhwek, du rak

pokok 줄기, 근간 ; 자본 ; 원가 ; 구매가 ; 요인 ; 원인 ; 원칙 ;
뻐꺽 기본 ; 핵심 ; 요점 ; 요지 ; −에 달려 있는 ; 주요한 ; 중요한
jul gi, geun gan; ja bon;wons ga; gu mae ga;
yo in won in; won chik; gi bon; haeksim; yo jeom;
yo ji; -e dal lyeok I neun; ju yo han; jung yo han

popularitas
뽀뿔라리따ㅅ
대중성 인기
dae jung seong in gi

positif
뽀시띺
확신하는 ; 긍정적인
hwak sin ha neun; geung jeong jeok in

profesional 쁘로뻬시오날	직업상의 jikk eob sang eui	proyek 쁘로엑	안(案) ; 계획 an; gye hwek
program 쁘록람	프로그램 pheu ro geu raem	psikologi 쁘시꼴로기	심리학 sim li hak
properti 쁘로쁘ㄹ띠	부동산 bu dong san	puas 뿌아ㅅ	만족한 man jok han
prospek 쁘로ㅅ뻭	가망 ga mang	pujian 뿌지안	칭찬 ching chan
protes 쁘로떼ㅅ	항의 ; 이의 hang eui; I eui	pusing 뿌싱	돌다 dol da

prihatin
쁘리하띤
슬프거나 힘든
seul pheu geo na him deun

prioritas
쁘리오리따ㅅ
우선 ; 우선권 ; 보다 중요함 ; 앞섬
u seong; u seon gown;
bo da jung yo ham; ap seom

produktivitas
쁘노둑띠비따ㅅ
생산력 ; 다산성
saeng san ryeok; da san seong

promosi
쁘로모시
승진 ; 진급 ; 획득, 수여 ; 조장 ; 촉진 ;
(상품 등의) 소개
seung jin; jin geub; hwek deuk, su yeo; su yeo;
jo jang; chok jin; (sang pum deung eui) so gae

Q

Quran 쿠ㄹ안 — 코오란, 이슬람교의 성전 Kko o ran

R

racun 라쭌	독 dok	**ramah tamah** 라마ㅎ 따마ㅎ	아주 좋은 a ju joh eun
rahasia 라하시아	비밀 bi mil	**rejeki** 르즈끼	생계 saeng gye
rajin 라진	부지런한 bu ji reon han	**rekkomendasi** 레꼬멘다시	추천 chu cheon

radio
라디오
방송 ; 라디오 방송
bang seong; la di o bang seong

ramai
라마이
소란한 ; 시끄러운
so ran han; si kkeu reo un

ramuan
라무안
썰어 놓은 약재 성분 ;
sseol eo noh eun yak jae seong bun

realistis
레알리ㅅ띠ㅅ
실제적인 ; 진실의
sil je jeok kin; jin sil eui

remaja
르마자
성인이 되가는
seong in i dwe ga neun

rencana 른짜나	계획 gye hwek	rindu 린두	그리워하는 geu ri wo ha neun
representatif 르프레센따띺	대표적인 dae pyo jeok in	rugi 루기	손실 son sil
responden 르ㅅ뽄덴	응답자 eung dab ja	rumor 루머ㄹ	소문 so mun
rezeki 르즈끼	일용양식 il yong yang sik	rutin 루띤	판에 박힌 phan ne bak kin

S

sabar 사바ㄹ	인내심이 있는 in naen sim i i neun	saku 사꾸	주머니 ju meo ni
sabuk 사북	벨트 bel the	sampo 삼뽀	샴푸 syam phu
sadar 사다ㄹ	의식하다 eui sik ha da	sangkar 상까ㄹ	새장 sae jang
saham 사함	몫 mogs	sawah 사와ㅎ	논 non
saksi 삭시	증인 jeung in	segar 스가ㄹ	가쁜한 ga pun han
sakti 삭띠	초능력의 cho neung ryeok eui	selektif 슬렉띺	선택(성)의 seon thaek(seong) eui

sederhana
스드ㄹ하나
순수한 ; 평범한
sun su han; phyeong beom han

semangat
스망앗
열정 ; 정열 ; 패기
yeol jeong; jeong yeol; phae gi

sepi 세삐	조용한 jo yong han	**seterika** 스트리까	다리미 da ri mi
seremoni 세레모니	식 ; 의식 sik; eui sik	**setia** 스띠아	충실한 chung sil han
serius 스리우ㅅ	진지한 jin ji han	**sewa** 세와	임대 ; 비용 im dae; bi yong
sertifikat 스ㄹ띠피깟	증명서 jeung myeong seo	**siap** 시앞	준비되다 jun bi dwe da
servis 세ㄹ비스	서비스 seo bi seu	**sibuk** 시북	바쁜 ba peun
sesuai 스수아이	알맞은 al majj eun	**sidang** 시당	회의 hwe eui
setan 세딴	악마 ak ma	**siksa** 식사	형벌 hyeong beol
setempel 스뗌뻴	도장 do jang	**simbol** 심볼	상징 sang jing

sempurna 슴뿌ㄹ나   완벽한 ; 완전한 wan byeok han; wan jeon han

sengaja 승아자   일부러 ; 의도적으로 il bu reo; eui do jeokk eu ro

sinar 시나ㄹ	광선 ; 빛 gwang seon; bich	spesifikasi 스쁘시피까시	상세 sang se
singkat 싱깟	짧은 jjalbb eun	spontan ㅅ쁜딴	즉시 ; 즉각 jeuk si; jeuk gak
sinonim 시노님	동의어 dong eui eo	stamina 쓰따미나	정력 ; 원기 jeong ryeok; won gi
sistem 시ㅅ뜸	시스템 si seu them	stasiun ㅅ따시운	역 yeok
solidaritas 솔리다리따ㅅ	견고함 gyeon go ham	stimulus ㅅ띠물루ㅅ	자극 ja geuk
sombong 솜봉	거만한 geo man han	suara 수아라	소리 / 음성 so ri / eum seong
sosial 소시알	사회의 sa hwe eui	substitusi 숩ㅅ띠뚜시	대리 ; 대용 dae ri; dae yong
spekulasi ㅅ뻬꿀라시	사색 ; 추측 sa saek; chu cheuk	suka 수까	좋아하는 joh a ha neun

sopan 소빤   공손한 ; 정중한 gong son han; jeong jung han

stabil ㅅ따빌   안정된, 견고한 an jeong dwen, gyeon go han

sukses 쑥쎄ㅅ	성공하다 seong gong ha da	syarat 샤랏	요건 ; 조건 yo geon ; jo geon
swasta 솨ㅅ따	사립의 sa rib eui		

T

tabrak 따브락	충돌하다 chung dol ha da	taman 따만	정원 jeong won
tahap 따합	단계 ; 등급 dangye; deung geub	tamasya 따마샤	여행 ; 소풍 yeo haeng; so phung
taksi 딱시	택시 thaek si	tampang 땀빵	얼굴형 eol gul hyeong
takut 따꿋	무서운 ; 두려운 mu seo un; du ryeo un	tamu 따무	손님 son nim
tamak 따막	탐욕스런 tham yok seu reon	tangga 땅가	계단 gye dan

tabah   과감한 ; 용감한
따바ㅎ   gwa gam han; yong gam han

tabungan   저금통(장) ; 저축금
따붕안   jeo geum thong(jang); jeo chuk geum

tanggapan   (코멘트, 비평 등에 대한) 응답 / 반응
땅가빤   (kho men theu, bi phyeong deung e dae han)
eung dab / bann eung

tanggung jawab 땅궁 자왑	책임 chaek im	**tendang** 뜬당	차다 cha da
tegak 뜨각	똑바로 선 tok ba ro seon	**tentara** 뜬따라	군인 gun in
teknisi 떼끄니시	기술자 gi sul ja	**topu** 떠뿌	속임수 sok im su
teknologi 떼끄놀로기	과학 / 공업 gwa hak / gong eob	**toleransi** 똘레란시	관용 gwan yong
teladan 뜰라단	모범 mo beom	**tomat** 또맛	토마토 tho ma tho
temperamen 뜸쁘라멘	기질 gi jil	**tukar** 뚜가ㄹ	바꾸다 ba kku da
tenaga 뜨나가	힘 him		

tarif
따맆   비율에 따라 적용되는 요금
bi yul e ta ra jeokk yong dwe neun yo geum

tawar
따와ㄹ   무미건조한 ; 아무 맛이 없는
mu mi geon jo han; a mu mass i eobs neun

U

uang 우앙	돈 don	udara 우다라	공기 gong gi
uap 우앞	증기 jeunggi	ulet 울릇	강인한 gang in han
ubin 우빈	바닥 돌 badakdol	umat 우맛	신자 sin ja
ucap 우짭	단어 daneo	umpan 움빤	미끼 ; 유혹물 mi kki; yuhokmul
udang 우당	새우 sae u	umur 우무ㄹ	나이 ; 연세 nai; yeon se

ubah, berubah
우바ㅎ, 브ㄹ우바ㅎ
변화되다
byeonhwadwe da

ulang
울랑
반복하다 ; 되풀이하다 ; 돌다
ban bok ha da; dwe phul li ha da; dol da

undur
운두ㄹ
후퇴하다 ; 퇴각하다
huthwe ha da; thwegak ha da

unggas 웅가ㅅ	새 ; 조류 sae; joryu	**usahawan** 우사하완	기업가 gieobga
unik 우닉	유일한 ; 독특한 yuilhan; doktheukhan	**usai** 우사이	해산되다 hae san dwe da
unit 우닛	개체 gaeche	**usul** 우술	제안 ; 건의 je an; geoneui
untung 운뚱	운명 ; 이득 ; 이익 un myeong; ideuk; iik	**usul** 우술	조사하다 josa ha da
upah 우빠ㅎ	지불금 jibulgeum	**utang** 우땅	빚 ; 채무 ; 외상 bij; chae mu; we sang
usaha 우사하	노력 ; 애씀 no ryeok; aesseum	**utuh** 우뚜ㅎ	변함없는 byeon ham eobsneun

unggul 웅굴   최상의 ; 최고의 chew sang eui; chew go eui

V

vaksin 박신	백신 baek sin	**virus** 비루ㅅ	병독 byeongdok
vaksinasi 박시나시	백신접종 baek sin jeobjong	**visa** 비사	사중 ; 비자 sajung; bi ja
vas 바ㅅ	꽃병 kkochbyeong	**visi** 박시	상상력 sang sanglyeok
versi 베ㄹ시	버전 ; 유형 beojeon; yuhyeong	**volume** 볼루므	용적 yongjeok
video 비디오	영상 ; 비디오 yeong sang; bi di o		

variasi
바리아시

변화 ; 변동
byeonhwa; byeon dong

vitamin
비따민

비타민 ; 영양소
bi tha min; yeong yang so

volunter
볼룬띠ㄹ

지원자 ; 독지가 ; 유지
ji won ja; dokjiga; yuji

W

wabah 와바ㅎ	전염 jeonyeom	**waris** 와리ㅅ	유산 상속인 yu san sang sok in
wacana 와짜나	담화 ; 강족 dam hwa; gang jok	**warna** 와ㄹ나	색 saek
wadah 와다ㅎ	식기 ; 주발 ; 그릇 sikgi; jubal; geureut	**wartawan** 와ㄹ따완	기자 ; 언론인 gija; eon ron in
wafat 와팟	서거하다 seo geo ha da	**wastafel** 와ㅅ따플	화장실 hwajangsil
wahana 와하나	탈것 thalgeot	**wilayah** 윌라야ㅎ	지역 jiyeok
warga negara 와ㄹ가 느가라	국민 ; 시민 gug min; si min	**wirausaha** 위라우사하	사업가 saeobga

wajib 와집   의무인 ; 당연히 해야 하는
eui mu in; dang yeon hi haeya ha neun

wawancara 와완짜라   인터뷰 ; 면접
in theobyu; myeonjeob

197

wujud 모양 ; 형태
우줏　mo yang; hyeongthae

wisatawan　　　　　　　　여행자 ; 관광객
위사따완　　　　　yeo haengja; gwangwanggaek

wisudawati　전문학사 혹은 학사(학위)를 받는 여자
위수다와띠　jeonmunhaksa hokeun haksa(hakwi) reul
　　　　　　　　badneun yeo ja

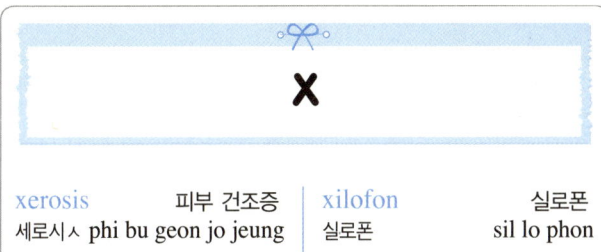

| xerosis | 피부 건조증 | xilofon | 실로폰 |
| 세로시ㅅ | phi bu geon jo jeung | 실로폰 | sil lo phon |

Y

yakin 야낀	확신있는 hwak sin i neun	yodium 여디움	옥소 og so
yayasan 야야산	공익재단 gong ik jae dan	yoghurt 여귶	요쿠르트 yo khu reu theu

Z

zat	신의 본질 ; 실체	zebra	얼룩말
잣	sinn eui bon jil; sil che	젭브라	eol luk mal

zawiat 기도실 ; 예배당
자위앗 gi do sil; ye bae dang

ziarah 성지순례 ; 참배
지아라ㅎ seong ji sun rye; cham bae

부록

Belajar _ 공부하기

Mempelajari kata-kata baru
음뻴라자리 까따-까따 바루
새로운 단어 학습

---

mencari arti kata
믄짜리 아ㄹ띠 까따
단어를 찾는다
dann eo reul / cha neun da

membaca arti kata
음바짜 아ㄹ띠 까따
뜻을 읽는다
teus eul / ilg neun da

menerjemahkan kata
므느ㄹ즈마ㅎ깐 까따
단어를 번역한다
dan eo reul / beon yeok han da

mengecek pengucapan
믕으쩩 쁭우짜빤
발음을 확인한다
ball eum eul / hwak kin han da

menyalin kata
므날린 까따
단어를 베껴쓴다
dan eo reul / be kkyeo / sseun da

Menggambar
믕감바ㄹ
그림을 그린다
geu rim eul / geu rin da

mendiskusikan masalah
믄디ㅅ꾸시깐 마살라ㅎ
문제에 대해 토의한다
mun je e dae hae / tho eui / han da

mencari solusi / menjawab pertanyaan
믄짜리 솔루시/ 믄자왑 쁘ㄹ따야안

해결책 / 답을 함께 생각해 본다
hae gyeol chaek / dab eul ham kke / saeng gak hae / bon da

belajar kelompok
블라자ㄹ 끌롬뻭

그룹으로 공부한다
geu rub eu ro / gong bu han da

membantu teman sekelas
음반뚜 뜨만 스끌라ㅅ

반친구를 도와준다
ban chin gu reul / do wa / jun da

memberi pertanyaan
음베리 마뜨리 쁘ㄹ따야안

질문을한다
jil mun eul / han da

menjawab pertanyaan
믄자왑 쁘ㄹ따야안

질문에 대답한다
jil mun e / dae dab / han da

melihat buku bersama
믈리핫 부꾸 브ㄹ사마

책을 같이 본다
chek eul / gath chi / bon da

mendiktekan kalimat
믄딕떼깐 깔리맛

문장을 받아쓴다
mun jang eul / bad daa / sseun da

Mengikuti Arah
믕이꾸띠 아라ㅎ

지시 사항 따르기

mengisi bagian yang kosong
믕이시 바기안 양 꼬송

빈 칸을 채우세요
bin khan eul / chae u se yo

pilih jawaban yang benar 맞는 답을 고르세요
므밀리ㄹ 자와반 양 브나ㄹ maj neun dabb eul / go reu se yo

Lingkari jawaban yang benar 답에 동그라미 하세요
믈링까리 자와반 양 브나ㄹdabb e / dong geu ra mi / ha se yo

coret pada kata 단어에 줄을 그어 지우세요
쪼렛빠다까따 dann eo e / jull eul / geu eo / ji u se yo

Garis bawahi kata 단어에 밑줄 치세요
가리ㅅ 바와히 까따 dann eo e / mith jul / chi se yo

mencocokkan item 맞는 항목끼리 짝지우세요
믄쪼쪽깐아이뜸 ma neun hang mok kki / ri jjak ji u se yo

Cek jawaban yang benar pada kotak disamping kata
쯩에쩩 자와반 양 브나ㄹ 빠다 꼬딱 디삼삥 까따
정답란을 확인하세요
jeong dab rann eul / hwak kin ha se yo

Beri nama pada gambar 그림에 이름을 붙이세요
므브리 나마 빠다 감바ㄹ geu rim e / i reum eul / buth i se yo

Uraikan kata menjadi jawaban yang benar
쯩우라이 까따 믄자디 자와반 양 브나ㄹ
단어의 철자 배역을 맞게 고치세요
dann eo eui cheol ja bae yeok eul / maj ge go chi se yo

Tempatkan kalimat dalam urutan yang benar
므음빳깐 깔리맛 달람 우루딴 양 브나ㄹ문장을 순서대로 놓으세요
mun jang eul / sun seo dae ro / noh eu se yo

Berhasil di Sekolah
학교 생활 잘하기

Cara Berhasil di Sekolah
짜라 브르하실 디 스꼴라ㅎ
학교생활을 잘하는 방법

menetapkan target
므느땊깐따ㄹ겟

목표를 세운다
mok phyo reul / se un da

berpartisipasi di kelas
브ㄹ빠ㄹ띠시빠시 디 끌라ㅅ

학급활동에 참여한다
hak geub hwal dong e / cham yeo han da

membuat catatan
믐부앗 짜따딴

노트에 필기한다
not te e / phil gi han da

belajar dirumah
블라자ㄹ 디 루마ㅎ

집에서 공부한다
jib e / seo gong bu han da

lulus tes
루루ㅅ 떼ㅅ

시험에 통과한다
si heom e / thong gwa han da

부록

Mengambil Tes
등암빌 떼스
시험치기

---

buku tes
부꾸 떼ㅅ

시험책자
si heom chaek ja

kertas jawaban
끄ㄹ따ㅅ 자와반

답안지
dab an ji

skor
ㅅ꺼ㄹ

점수
jeom su

nilai
닐라이

성적
seong jeok

merapikan meja belajar
므라삐깐 메자 블라자ㄹ

책상 위를 치운다
chaek sang wi reul / chi un da

bekerja sendiri
브끄ㄹ자 슨디리

혼자서 문제를 푼다
hon ja seo mun je reul / phun da

menjawab
믄자왑

답을 표시한다
dab eul / phyo si han da

memastikan hasil jawaban
므마ㅅ띠깐 하실 자와반

표시한 답을 확인한다
phyo si han dab eul / hwag in han da

menghapus jawaban yang salah   잘못 표시한 것을 지운다
등하뿌시자와반양살라ㅎ
                        jal mot phyo si han geoss uel / ji un da

mengkoreksi jawaban   잘못 표시한 것을 고친다
등오렉시 자와반 jal mot phyo si han geot s eul / go chin da

mengumpulkan kertas ujian   시험지를 제출한다
등움뿔깐 끄ㄹ따ㅅ 우지안   si heom ji reul / je chul han da

Sehari di Sekolah
스하리 디 스꼴라ㅎ

학교에서의 하루 일과

---

masuk kelas   교실에 들어가다
마숙 끌라ㅅ   gyo sil e / deur eo ga da

menyalakan lampu   불을 켜다
므날라깐 람뿌   bul eul / khyeo da

berjalan di kelas   교실로 걸어가다
브르잘란 디 끌라ㅅ   gyo sil lo / geor eo ga da

berlari dikelas   교실로 뛰어가다
브ㄹ라리 디 끌라ㅅ   gyo sil lo / twi eo ga da

mengangkat buku-buku   책을 들다 / 집다
등앙깟 부꾸-꾸   chaekk eul deul da / jib ta

부록

membawa buku-buku 음바와 부꾸-부꾸	책을 나르다 chaekk eul / na reu da
memberikan buku-buku 음브리깐 부꾸-부꾸	책을 전달하다 chaekk eul / jeon dal ha da
istirahat 이ㅅ따라핫	휴식을 취하다 hyu sikk eul / chwi ha da
makan 마깐	먹다 meok ta
minum 미눔	마시다 ma si da
membeli makanan ringan 음벨리마까난링안	과자를 사다 gwa ja reul / sa da
berbincang 브ㄹ빈짱	대화하다 dae hwa ha da
kembali ke kelas 끔발리 끄 끌라ㅅ	교실로 돌아가다 gyo sil lo / dor a ga da
membuang sampah 음부앙 삼빠ㅎ	쓰레기를 버리다 sseu re gi reul / beo ri da
keluar / meninggalkan kelas 끌루아ㄹ/므닝갈깐 끌라ㅅ	교실에 / 서나가다 gyo sil e seo na ga da

mematikan lampu 므마띠깐 람뿌	불을 끄다 bul eul kkeu da

Percakapan Sehari-hari
쁘ㄹ짜까빤 스하리-하리
일상회화

memulai percakapan 므물라이 쁘ㄹ짜까빤	대화 시작하기 dae hwa / si jak ha gi
Berbasa-basi 브르바사-바시	간단한 대화 나누기 gan dan han dae hwa / na nu gi
memberi pujian 음브리 뿌지안	상대방을 칭찬하기 sang dae bang eul / ching chan ha gi
menawarkan sesuatu 므나와ㄹ깐 수아뚜	무언가를 제공하기 mu eon ga reul / je gong ha gi
ucapkan terima kasih 우짭깐 뜨리마 까시ㅎ	감사의 뜻을 전하기 gam sa eul teus eul / jeon ha gi
meminta maaf 므민따 마앞	사과하기 sa gwa ha gi
menerima maaf 므느리마 마앞	사과 받아들이 sa gwa bad a / deul li

memberi undangan 음브리 운당안	상대방 초대하기 sang dae bang / cho dae ha gi
menerima undangan 므느리마 운당안	초대 받아들이기 cho dae / badd a deul li gi
menolak undangan 므놀락 운당안	초대 거절하기 cho dae / geo jeol ha gi
menyetujui sesuatu 므녜뚜주이 스수아뚜	동의하기 dong eui ha gi
tidak menyetujui sesuatu 띠닥므녜뚜주이 스수아뚜	동의 / 하지 않기 dong eui ha ji anh gi
menjelaskan sesuatu 믄즐라ㅅ깐 스수아뚜	무언가를 설명하기 mu eon ga reul / seol myeong ha gi

bertanya ulang untuk memastikan sesuatu
브르따냐 울랑 운뚝 므마ㅅ띠깐 스수아뚜

제대로 알아 들었는지 확인하기
je dae ro all a deul / eot neun ji hwag kin ha gi

Pengukuran
뿡우꾸란
측정법

---

membagi	나누다	mengukur	측정하다
음바기	na nu da	믕우꾸ㄹ	cheuk jeong ha da
menghitung	계산하다	mengubah	환산하다
믕히뚱	gye san ha da	믕우바ㅎ	hwan san ha da

부록

Fraksi dan Desimal
프락시 단 데시말
분수와 소수

---

satu buah	전체	seperempat	사분의 일
사뚜 부아ㅎ	jeon che	스쁘ㄹ음빳	sa bun eui il
setengah	이분의 일	seperdelapan	팔분의 일
스뜽아ㅎ	i bun eui il	스쁘ㄹ들라빤	phal bun eui i
sepertiga	삼분의 일		
스쁘ㄹ띠가	sam bun eui il		

Dimensi
디멘시
치수

Tinggi	높이	Kedalaman	깊이
띵기	Nop phi	꼬달라만	gip phi
Panjang	길이	Lebar	너비
빤장	gil li	레바ㄹ	neo bi

Mendeskripsikan Orang
사람 묘사하기

Usia
우시아
나이

Muda 젊은
무다 jeol meun

Dewasa 중년의
데와사 jung nyeon eui

Tua / lansia 노년의
뚜아 / 란시아 no nyeon eui

Tinggi
띵기
신장

Tinggi 키가 큰
띵기 khi ga kheun

tinggi rata-rata 평균 신장
띵기 라따-라따
phyeong gyun sin jang

pendek 키가 작은
뻰덱 khi ga jagk eun

Berat Badan
브랏 바단
몸무게

---

gendut
근둣
똥똥한 / 체중이 많이 나가는 / 살찐
ttong ttong han / che jung i manh i na ga neun / sal jjin

berat rata-rata
브랏 라따-라따
평균 체중
phyeong gyun che jung

kurus
꾸루ㅅ
마른 / 날씬한
ma reun / nal ssin han

Cacat
짜짯
장애

Lumpuh
룸뿌ㅎ
신체 장애가 있는
sin che jang ae ga / i neun

Buta
부따
시각 장애가 있는 / 맹인
si gag jang ae ga it neun / maeng in

Tuli
뚤리
청각 장애가 있는 / 귀가 먼
cheong gag jang ae ga it neun / gwi ga meon

Mendeskripsikan Rambut
스타일 묘사 하기

Rambut pendek 짧은 머리
람붓 뻰덱　　jjalbb eun meo ri

Rambut sedang
람붓 스당
　　　　어깨에 닿을 정도의 머리
　　　　　eo gae e / dah eul /
　　　　　jeong do eui meo ri

Rambut panjang　긴머리
람붓 빤장　　　　gin meo ri

Belahan rambut　가르마
블라한 람붓　　　ga reu ma

Kumis　　　　　콧수염
꾸미ㅅ　　　　　khot su yeom

Jenggot　　　　턱수염
젱것　　　　　　theok su yeom

Jambang　　짧은 구레나룻
잠방　jjalbb eun / gu re na rut

Poni　　　　　　앞 머리
뽀니　　　　　　am meo ri

rambut lurus　　곧은 머리
람붓루루ㅅ　　　godd eun meo ri

Rambut bergelombang
람붓 브ㄹ글롬방
　　　　　웨이브가 있는 머리
　　　we i beu ga / it neun / meo ri

Rambut keriting　곱슬머리
람붓 끄리띵　　　gob seul meo ri

Botak　　　　　대머리
보딱　　　　　　dae meo ri

부록

Penampilan
쁘남뻴란

외양

Menarik   매력적인
므나릭   mae ryeok jeog in

Imut   귀여운
이뭇   gwi yeo un

Hamil   임신한
하밀   im sin han

Tahi lalat   점
따히 라랏   jeom

lubang anting   귀를 뚫은 귀
루방 안띵   gwi reul tolh eun gwi

Tato   문신
따또   mun sin

Uban   백발
우반   baek bal

Rambut merah   빨강머리
람붓 메라ㅎ   bbal gang meo ri

Rambut hitam   검은머리
람붓 히땀   geom meun / meo ri

Pirang   금발머리
삐랑   geum bal meo ri

Rambut coklat   갈색머리
람붓 쪽랏   gal saek meo ri

Rol   롤러
롤   reol lo

Gunting   가위
군띵   ga wi

Sisir   빗
시시ㄹ   bit

Sikat   브러쉬
시깟   beu reo swi

Pengering rambut   헤어드라이기
쁘으링 람붓   he eo deu ra i gi

Gaya Rambut
가야 람붓
머리손질

Memotong rambut
므모똥 람붓

머리를 자르다
meo ri reul / ja reu da

Mengeriting rambut
믕으리띵 람붓

파마하다
pha ma ha da

Mengatur rambut
믕아뚜ㄹ 람붓

머리를 세팅하다
meo ri reul / se thing ha da

Mengecat rambut
믕으짯 람붓

머리를 염색하다
meo ri reul / yeom saek ha da

부록

Kegiatan Sehari-hari _ 일과

Bangun tidur 잠에서 깨다
방운 띠두ㄹ jamm e seo kae da

Mandi 샤워하다
만디 sya wo ha da

Bangun 일어나다
방운 ill eo na da

memakai baju 옷입다
므마까이 바주 ot ib da

sarapan 아침식사를 하다
사라빤 a chim sik sa reul / ha da

membuat makan siang 점심을 만들다
음부앗 마깐 시앙 jeom sim eul / man deul da

mengantar anak ke sekolah
믕안따ㄹ 아낙 끄 스꼴라ㅎ
아이들을 학교에 데려다 주다 / 아이들을 내려주다
a i deul eul/ hak gyo e / de ryeo da ju da /
a i deul eul / nae ryeo ju da

naik bus ke sekolah 버스를 타고 학교에 가다
나익 부ㅅ 끄 스꼴라ㅎ beo seu reul / tha go / hak gyo e ga da

menyetir mobil ke kantor / pergi bekerja
므녜띠ㄹ 모빌 끄 깐또ㄹ / 쁘ㄹ기 브끄ㄹ자
차로 출근하다 / 출근하다
cha reo chul geun ha da / chul geun ha da

bekerja 일하다 브끄ㄹ자 il ha da	**Ber olah raga** 운동하다 올라ㅎ라가 un dong ha da
pulang kerja 퇴근하다 뿔랑 끄ㄹ자 thwe geun ha da	**istirahat** 쉬다 이ㅅ띠라핫 swi da

hadir di kelas 수업에 출석하다
하디ㄹ 디 끌라ㅅ   su eobb e / chul seok ha da

pergi ke pasar 시장을 보러가다
쁘르기 끄 빠사ㄹ   si jang eul / bo reo ga da

menjemput anak di sekolah 아이들을 데려오다
믄즘뿟 아낙 디 스꼴라ㅎ   a i deul eul / de ryeo o da

membersihkan rumah 집을 청소하다
믐브ㄹ시ㅎ깐 루마ㅎ   jibb eul /cheong so ha da

memasak makan malam 저녁식사를 요리하다
므마삭 마깐 말람   jeo nyeok sik sa reul / yo ri ha da

pulang ke rumah/ tiba di rumah
뿔랑 끄 루마ㅎ /띠바 디 루마ㅎ   집에 오다 / 집에 도착하다
jibb e/ o da / jibb e / do chak ha da

makan malam 저녁을 먹다
마깐 말람   jeo nyeokk eul / meok ta

mengerjakan perkerjaan rumah 숙제하다
믕으ㄹ자깐 쁘ㄹ끄ㄹ자안 루마ㅎ   suk je ha da

tidur 띠두ㄹ	자다 ja da	

    membaca koran   신문을 읽다
    음바짜 꼬란   sin mun eul / ilg da

    mengecek email   이메일을 / 확인하다
    믕으쩩 이메일   i me il eul hwak in ha da

    menonton televisi   텔레비전을 보다
    므논똔 뗄레피시   thel le bi jeon eul / bo da

    Tidur pulas / nyenyak   숙면하다
    띠두ㄹ 뿔라ㅅ / 녜냑   suk myeon ha da

Perjalanan Kehidupan dan Dokumen
인생 경로 및 관련 문서

Lahir 태어나다
라히ㄹ thae eo na da

lulus sekolah 졸업하다
루루ㅅ 스꼴라ㅎ joll eob ha da

imigrasi 이주하다
이미그라시 i ju ha da

jatuh cinta 사랑에 빠지다
자뚜ㅎ 찐따 sa rang e / bba ji da

memulai sekolah 학교를 다니기 시작하다
므물라이 스꼴라ㅎ hak gyo reul / da ni gi / si jak ha da

belajar mengemudi 운전을 배우다
블라자ㄹ 믕으무디 un jeonn eul / bae u da

mendapatkan pekerjaan 직장을 구하다
멘다빳 쁘꺼ㄹ자안 jik jang eul / gu ha da

menjadi warga negara 시민이 되다
믄자디 와ㄹ가 느가라 si min ni / dwe da

부록

Perjalanan Kehidupan dan Dokumen
쁘ㄹ잘라난 끄히두빤 단 도꾸맨
인생 경로 및 관련 문서

Akte | 증서
악뜨 | jeung seo

Tunangan | 약혼하다
뚜낭안 | yak hon ga da

Menikah | 결혼하다
므니까ㅎ | gyeol hon ha da

membeli rumah 집을 사다
음블리 루마ㅎ jibb eul / sa da

pensiun | 퇴직하다
뻰시운 | thwe jik ha da

sukarelawan 자원 봉사하다
수까렐라완 ja won bong sa ha da

Masuk kuliah
마숙 꿀리아ㅎ
대학에 들어가다
Dae hakk e / deul eo ga da

Akte menikah
악뜨므니까ㅎ
결혼 증서
gyeol hon jeung seo

mempunyai anak
음뿌냐이 아낙
아기를 낳다
a gi reul / nah da

menjadi kakek-nenek
믄자디 까껙 네넥
조부모가 / 되다
cho bo mo ga dwe da

Berpergian (jalan-jalan)
브ㄹ쁘ㄹ기안 / 브ㄹ외사따 (잘란-잘란)
여행하다
yeo haeng ha da

meninggal dunia	죽다	Gelar sarjana	대학 학위
므닝갈 두니아	jug da	글라ㄹ 사ㄹ자나	dae hak hak wi
ijasah	졸업증서	Pasport	여권
이자사ㅎ	jor eob jeung seo	빠ㅅ뽓	yeo gwon
SIM	운전 면허증		
심	un jeon myeon heo jeung		

akte kelahiran 출생증명서
악뜨 끌라히란 chul saeng jeung myeong seo

kartu penduduk asing 영주권 / 그린카드
까ㄹ뚜 쁜두둑 아싱 yeong ju won / geu rin kha deu

Kartu keamanan sosial 사회 보장 카드
까ㄹ뚜 끄아마난 소시알 sa hwe bo jang kha deu

Sertifikat naturalisasi 귀화 증명서
스ㄹ띠피까시 나뚜랄리사시 gwi hwa jeung myeong seo

Sertifikat kematian 사망 증명서
스ㄹ띠피깟 끄마띠안 sa mang jeung myeong seo

부록

Perasaan _ 감각

Panas 빠나ㅅ	더운 deo un	**Tidak nyaman** 띠닥 냐만	불편한 bul phyeon han
Haus 하우ㅅ	목마른 mok ma reun	**Gelisah** 글리사ㅎ	불안한 bull an han
Mengantuk 믕안뚝	졸린 jol lin	**Kesakitan** 끄사끼딴	아픈 a pheun
Dingin 딩인	추운 chu un	**Sakit** 사낏	병든 byeong deun
Lapar 라빠ㄹ	배고픈 bae go pheun	**Khawatir** 카와띠ㄹ	염려되는 yeom ryeo dwe neun
Jijik 지직	역겨운 yeok gyeo un	**Sehat** 세핫	건강한 geon gang han
Tenang 뜨낭	침착한 chim chak han	**Lega** 레가	안도 an do

Kenyang 끄냥   배부른 / 만족한 bae bu reun / man jeok han

Terluka 뜨ㄹ루까	다친 da chin	bingung 빙웅	혼란스러운 hon ran seu reo un
kesepian 끄스삐안	외로운 we ro un	frustasi ㅍ루ㅅ따시	낙심한 nak sim han
jatuh cinta 자뚜ㅎ찐따	사랑에 빠진 sa rang e / bba jin	sedih 스디ㅎ	당황스러운 dang hwang seu ro un
Sedih 스디ㅎ	슬픈 seul pheun	marah 마라ㅎ	화가 난 hwa ga nan
Bangga 방가	자랑스러운 ja rang seu ro un	kaget 까겟	놀란 nol lan
senang 스낭	흥분한 heung bun han	bahagia 바하기아	기쁜 gi bbeun
malu 말루	당황한 dang hwang han	capai 짜빠이	피곤한 phi geon han
bosan 보산	지루한 ji ru han		

Homesick
홈식
향수병에 걸린
hyang su byeong e / geol lin

takut
따굿
겁에 질린 / 두려워하는
geomm e jil lin / du ryo wo ha neun

Mencari Rumah
집 구하기

reklame, iklan   광고물 | Fasilitas; sarana   설비
렉라미   gwang go mul | 파실리따ㅅ; 사라나   seol bi

daftar internet   인터넷 게시물
닾따ㄹ 인뜨ㄹ넷   in theo net ge si mul

apartemen berisi lengkap   가구가 딸린 아파트
아빠ㄹ뜨멘 브ㄹ이시 릉깦   ga gu ga tal lin a pha theu

apartemen kosong   가구가 딸리지 않은 / 아파트
아빠ㄹ뜨멘 꼬송   ga gu ga tal li ji anh eun / a pha theu

Membeli Rumah
집 구매 하기

Bertemu makelar
브르뜨무 마끌라ㄹ bu dong san jung gae in eul / man na da
부동산 중개인을 만나다

Melihat rumah
믈리핫 루마ㅎ
집을 보다
jib eul bo da

Membuat penawaran
음부앗 쁘나와란
제의하다
je eui ha da

Mendapatkan pinjaman
믄다빳깐 삔자만
대출 받다
dae chul bad ta

Mendapat kepemilikan
믄다빳 끄쁘밀리깐
소유권을 가지다
so yu gwon eul / ga ji da

Membayar via kredit
음바야ㄹ 비아 ㄲ레딧
모기지를 지불하다
mo gi ji reul / ji bul ha da

부록

Menyewa Apartemen
므녜와 아빠르뜨멘
아파트 임대하기

---

menelpon manajer 매니저에게 전화하다
므늘뽄 메네즈르 mae ni jeo e ge / jeon hwa ha da

Bertanya tentang (fitur / kondisi) 조건을 물어보다
브르따냐 뜬땅 (피뚜르 / 꼰디시) jo geon eul / mul eo bo da

Menyerahkan aplikasi 신청서를 제출하다
므녜라ㅎ깐 앞플리까시 sin cheong seo reul / je chul ha da

Menandatangani surat persetujuan
므난다땅아니 수랏 쁘르스뚜주안 임대 계약서에 서명하다
im dae gye yak seo e seo / myeong ha da

Membayar awal dan akhir uang sewa
음바야르 아왈 단 악히르 우앙 세와
첫 번째 달과 마지막 달 임대료를 지불하다
cheot beon jjae dal gwa / ma ji mak
dal im dae ryo reul / ji bul ha da

Pindah Rumah
쁜다ㅎ 루마ㅎ
이사하기

Mengepak barang
믕으빡 바랑

짐을 싸다
jimm eul / ssa da

Membongkar barang
음벙까ㄹ 바랑

짐을 풀다
jimm eul / phul da

Mengubah semua fasilitas dengan nama Anda
믕우바ㅎ 스무아 파실리따ㅅ 등안 나마 안다

공공 요금 지불자로 자신의 이름으로 올리다
gong gong yo geum ji bul ja ro /
ja sin eu i reumm eu ro / ol li da

Mengecat
믕으짯

페인트하다
phe in theu ha da

Mengatur rumah
믕아뚜ㄹ 루마ㅎ

가구를 배치하다
ga gu reul / bae chi ha da

Berkunjung ke tetangga
브ㄹ꾼중 끄 루마ㅎ

이웃을 만나다
i ut seul / man na da

부록

Pekerjaan Rumah Tangga
가사 / 집안일

Membersihkan debu 가구의 먼지를 털다
므브ㄹ시ㅎ깐 드부 ga gu eui meon ji reul / theol da

Mendaur ulang kertas Koran 신문을 재활용하다
믄다우ㄹ 울랑 끄ㄹ따ㅅ 꼬란
sin mun eul / jaek hwal yong ha da

Membersihkan oven 오븐을 청소하다
므브ㄹ시ㅎ깐 오븐 o peun eul cheong so ha da

Mengepel 마루를 걸레질하다
믕으뻴 ma ru reul geol re jil ha da

Mengelap 가구에 광을 내다
믕을랍 ga gu e gwang eul nae da

Merapikan tempat tidur 침대를 정돈하다
므라삐깐 뜸빳 띠두르 chim dae reul jeong don ha da

Merapikan mainan 장난감을 치우다
므라삐깐 마이난 jang nan gamm eul / chi u da

Membersihkan karpet dengan penyedot debu
므브ㄹ시ㅎ깐 까ㄹ뺏 등안 쁘녜덧 드부   카페트를 진공 청소하다
kha phe theu reul / jin gong cheong so ha da

Mengelap jendela
믕엘랖 즌델라

창문을 닦다
chang mun eul / dakk da

Menyapu lantai
므나뿌 란따이

마루를 쓸다
ma ru reul / sseul da

Menggosok wastafel
믕고석 와ㅅ따플

세면대를 닦다
se myeon dae reul / dakk da

Mengosongkan tempat sampah
믕어성깐 뜸빳 삼빠ㅎ

쓰레기통을 비우다
sseu re gi thong eul / bi u da

Mencuci piring
믄쭈찌 삐링

접시를 닦다
jeob si reul / dakk da

Mengelap piring
믕엘랖 삐링

접시를 말리다
jeom si reul / mal li da

Mengelap konter
므엘랖 껀뜨ㄹ

카운터를 닦다
kha un theo reul / dakk da

Mengganti sarung bantal
믕간띠 사룽 반딸

시트를 갈다
si theu reul / gal da

Membuang sampah
믐부앙 삼빠ㅎ

쓰레기를 내다놓다
sse re gi reul / nae da noh da

Persiapan Makanan dan Keamanan
음식준비와 안전

Makanan Keju Tahu dan Sayuran
마까난 께주 따후 단 사유란
치즈 두부 야채 케서롤

Memanaskan oven
므마나ㅅ깐 오븐

오븐을 예열한다
o beun eul / ye yeol han da

Meminyaki panic untuk memasak
므미냐끼 빤찌 운뚝 므마삭

베이킹 팬에 기름칠을 한다
be i khing pheon e / gi reum chil eul / han da

Memotong tahu
므모똥 따후

두부를 얇게 썬다
du bu reul / yalb ke / sseon da

Merebus brokoli
므르부ㅅ 브로꼴리

브로콜리를 찐다
beu ro khol li reul / cin da

Menumis jamur
므누미ㅅ 자무ㄹ

버섯을 살짝 튀긴다
beo seot eul / sal cak thwi gin da

Menuang sesendok saus
므누앙 스센독 사우ㅅ

위에 소스를 숟가락으로 끼얹는다
wi e so seu reul / sud ga rak eu ro / kki eonj neun da

234

Memarut keju
므마룻 께주

치즈를 간다
chi jeu reul / gan da

Membuat Kue yang Cepat dan Mudah
음부앗 꾸에 양 쯔빳 단 무다ㅎ
간편한 케이크 만들기

Pecahkan dua butir telur ke dalam mangkuk
쁘짜ㅎ깐 두아 부띠ㄹ 뜰루ㄹ 끄달람 망꾹

전자 레인지용 볼에 계란 2개를 깨뜨린다.
gye ran 2(du)gae reul / ggae teu rin da

Aduk semua bahan adonan
아둑 스무아 바한 아도난

재료를 섞는다
jae ryo ruel / seokk neun da

Memanggang
므망강

굽는다
gub neun da

Membuat Sup Ayam yang Mudah
음부앗 숲 아얌
만들기 쉬운 닭고기 스프

Memotong ayam
므머떵 아얌

닭고기를 자른다
dalg go gi reul ja reun da

Memotong seledri
므머떵 슬렛리

셀러리를 다진다
sel leo ri reul / da jin da

Mengupas wortel
응우바ㅎ 워ㄹ뜰 dang geun ggeob jill eul / beot gin da

당근 껍질을 벗긴다

Mencacah bawang
믄짜짜ㅎ 바왕

양파를 잘게 썬다
yang pha reul / jal ge sseon da

Merebus ayam
므르부ㅅ 아얌

닭고기를 삶는다
dalg go gi reul / salm neun da

Memasukkan sayuran
므마숙깐 사유란

야채를 첨가한다
ya chae reul / cheom ga han da

Mengaduk
믕아둑

젓는다
jeo neun da

Mendidih perlahan-lahan
믄디디ㅎ 쁘ㄹ라한 라한 cheon cheon hi / ggeulh in da

천천히 끓인다

Kocok bahan adonan
꺼쩍 바한 아도난 seokk eun jae ryo reul / hwi jeo neun da

섞은 재료를 휘젓는다

Masukkan kedalam microwave selama 5 menit
마숙깐 끄 달람 믹로왚 슬라마 리마 므닛

5분간 전자 레인지에 돌린다
5(o) bun gan / jeon ja re in ji e / dol lin da

Ruang makan _ 식당

Ruang makan 식당
루앙 마깐 sik dang

Tamu 식당 손님
따무 sik dang son nim

Menu 메뉴
므누 me nyu

Baki / nampan 디저트 쟁반
바끼 / 남빤 di jeo theu jae ban

Keranjang roti 빵바구니
끄란장 로띠 pang ba gu ni

Pisau 칼
삐사우 khal

resepsionis 식당 여직원
르셉시오니ㅅ sik dangg yeo jik won

Kursi tinggi untuk anak-anak 어린이용 의자
꾸ㄹ시 띵기 운뚝 아낙-아낙 eo rin ni yong eui ja

Sofa 칸막이한 좌석
소파 khan mak in han jwa seok

Kotak untuk dibawa pulang 포장 용기
꼬딱 운뚝 디바와 뿔랑 pho jang yong gi

Pelayan laki-laki 종업원 / 웨이터
쁠라얀 라끼-라끼 jong eob won / we i theo

부록

sendok teh 차 스푼 센덕 떼ㅎ　　cha seu phun	Dapur 주방 다뿌ㄹ　　ju bang
sendok sup 스프 스푼 센덕 숲　　seu pheu seu phun	Koki 주방장 꺼끼　　ju bang jang
Mesin cuci 식기세척기 므신 쭈찌　　sik gi se theok gi	Piring makan 디너 접시 삐링 마깐　　di neo jeob si

Pelayan perempuan 종업원 / 웨이트리스
쁠라얀 쁘름뿌안　　jong eob won / we i theu ri seu

Pelayan dapur 버서(서빙 보조)
쁠라얀 다뿌ㄹ　　beo seo(seo bing bo jo)

Ruang bersih-bersih 설거지 하는 곳
루앙 브ㄹ시ㅎ-브ㄹ시ㅎ　　seol geo ji ha neun got

menyiapkan alat-alat makan 식탁을 차리다
므녜앞깐 알랏-알랏 마깐　　sik thakk eul / cha ri da

mempersilahkan tamu untuk duduk 손님을 앉히다
음쁘ㄹ실라ㅎ깐 따무 운뚝 두둑　　son nimm eul / anj hi da

menuangkan minum 물을 따르다
므누앙깐 미눔　　mul leul / ta reu da

Melihat menu dan memesan makanan
므리핫 마까난
멘를 보고 주문하다
men reul bo go ju mun ha da

Piring salad 샐러드 접시
삐링 살랏 sae reo deu jeob si

Gelas 물잔
글라ㅅ mul jan

Cangkir 컵
짱끼ㄹ kheob

Lepek 받침 접시
레뻭 bad chim jeob si

serbet 냅킨
스ㄹ벳 naeb khin

garpu makan 디너 포크
가르뿌 마깐 di neo pho kheu

membayar 계산하다
음바야ㄹ gye san ha da

Mengatur tempat 식도구 세팅
믕아뚜ㄹ 뜸빳 sik do gu se thing

Piring roti 빵-버터용 접시
삐링 로띠 bbang-beo theo yong jeob si

Mangkuk sup 스프용 그릇
망꺽 숲 seu pheu yong geu reut

Gelas untuk anggur (wine) 포도주 잔
글라ㅅ 운둑 앙구ㄹ (와인) pho do ju jan

garpu salad 샐러드 포크
가르뿌 살랏 sael reo deu pho kheu

pisau steak 스테이크용 칼
삐사우 ㅅ떡 seu the i kheu yong khal

부록

menerima pesanan 므느리마 쁘사난	주문을 받다 ju munn eul bad da
menyajikan makanan 므냐지깐 마까난	음식을 서빙하다 eum sikk eul / seo bing ha da
membersihkan piring 믐브ㄹ시ㅎ깐 삐링	그릇을 치우다 geu reus eul / chi u da
membawa baki/nampan 믐바와 바끼 / 남빤	쟁반을 나르다 jaeng ban eul / na reu da
meninggalkan tip 므닝갈깐 띺	팁을 놓다 thibb eul / noh da

Menjaga Kesehatan
건강 관리

Cara Untuk Sehat
짜라 운뚝 세핫
건강을 회복하는 방법

mengunjungi klinik   진료소를 방문하다
믕운중이 끌리닉   jin ryo so reul / bang mun ha da

Istirahat yang cukup   침상에서 휴식을 취한다
이ㅅ띠라핫 양 쭈꿉   chim sang e seo / hyu sikk eul / chwi han da

Minum air putih   수분을 섭취한다
미눔 아이ㄹ 뿌띠ㅎ   su bunn eul / seob chwi han da

Minum obat   약을 복용한다
미눔 오밧   yak eul / bok yong han da

Mendapatkan imunisasi   예방주사를 맞는다
믄다빳깐 이무니사시   ye bang ju sa reul / maj neun da

Mengikuti saran dokter   의사의 지시를 따른다
믕이꾸띠 사란 덕뜨ㄹ   eui sa eui ji si reul / ta reun da

부록

Tipe Masalah Kesehatan
띱ㅅ 마살라ㅎ 끄세하딴
건강 문제의 유형

Masalah penglihatan
마살라ㅎ 쁭리하딴

시력 문제
si ryeok mun je

Masalah pendengaran
마살라ㅎ 쁜쯔ㄹ나안

청력 손실
cheong ryeok son sil

Luka
루까

통증
thong jeung

Stres
ㅅ 뜨레ㅅ

스트레스
seu theu re seu

Depresi
뎊레시

우울증
u ul jeung

Cara Untuk Tetap Sehat
짜라 운뚝 뜨땁 세핫
건강을 유지하는 방법

Olah raga
올라ㅎ라가

운동을 한다
un dong eul han da

Makan makanan yang sehat
마깐 마까난 양 세핫   건강에 좋은 음식을 먹는다
geon gang e joh eun / eum sikk eul / meong neun da

Tidak merokok
띠닥 므로꺽   금연하다
geum yeon ha da

Rutin melakukan check up
루띤 믈라꾸깐 쩩업   정기 검사를 받는다
jeong gi geom sa reul / bad neun da

Alat bantu pendengaran
알랏 반뚜 쁜등아란   보청기
bo cheong gi

Terapi fisik
뜨라삐 피식   물리치료
mul li chi ryo

Dokter terapi fisik
덕뜨ㄹ 뜨라삐 피식   물리치료사
mul li chi ryo sa

Solusi Untuk Masalah Kesehatan
설루시 운뚝 마살라ㅎ 끄세하딴

건강 보조 용품

Ahli pemeriksa mata
아ㅎ리 쁘므릭사안 마따   검안사
geom an sa

Kacamata
까짜마따   안경
an gyeong

Lensa kontak
렌사 끈딱

콘택트 렌즈
khon thaek theu ren jeu

Ahli pendengaran (THT)
아ㄹ히 쁜등아란 (떼하떼)

청력 전문의
cheong ryeok jeon mun eui

Berbicara dengan terapist
브ㄹ비짜라 등안 뜨라삐ㅅ

대화요법
dae hwa yo beob

Terapis
뜨라삐ㅅ

치료사
chi ryo sa

Kelompok pendukung
끌롬뻑 쁜두꿍

지원 모임
ji won mo im

Keadaan Medis Darurat
응급 의료 상황

Ambulans 암불란ㅅ	구급차 gu geub cha	Terluka 뜨ㄹ루까	다치다 da chi da
Paramedis 빠라메디ㅅ	의료 보조자 eui ryo bo jo ja	Terbakar 뜨ㄹ바까ㄹ	화상을 입다 hwa sang eul / ib da
Pingsan 삥산	의식을 잃다 eui sikk eul ilh da	Tenggelam 뜽글람	물에 빠지다 mul e / bba ji da

Syok 쇼크 상태에 있다
석　　syo kheu sang thae e / it da

Serangan jantung 심장마비를 일으키다
스랑안 잔뚱　sim jang ma bi reul / ill eu khi da

Reaksi karena alergi 알레르기 반응을 보이다
레악시 까르나 알르ㄹ기　al le reu gi ban eung eul / bo i da

Tersetrum / Kesetrum 전기 충격을 받다
뜨ㄹ숫룸 / 끄숫룸　jeon gi chung gyeokk eul / bad da

Kedinginan (hipotermia) 동상에 걸리다
끄딩이난 (히뽀떼ㄹ미아)　dong sang e / geol li da

| Tersedak | 질식하다 | Sesak napas | 숨을 못쉬다 |
| 뜨ㄹ스닥 | jil sik ha da | 스삭 나빠ㅅ | summ uel mot swi da |

| Berdarah | 출혈하다 | Terjatuh | 낙상하다 |
| 브ㄹ다라ㅎ | chul hyeol ha da | 뜨ㄹ자뚜ㅎ | nak sang ha da |

Terminum racun 독성분을 삼키다
뜨ㄹ미눔 라쭌 dok seong bunn eul / sam khi da

Patah tulang 뼈가 부러지다
빠따ㅎ 뚤랑 bbyeo ga bu reo ji da

Overdosis 약을 과다 복용하다
오브ㄹ도시ㅅ yakk eul / gwa da / bok yong ha da

Pusat kota _ 시내

Gedung 그둥	사무실 빌딩 sa mu sil bil ding	Perpustakaan 쁘ㄹ뿌ㅅ따까안	도서관 do seo gwan

Gedung
그둥
사무실 빌딩
sa mu sil bil ding

Perpustakaan
쁘ㄹ뿌ㅅ따까안
도서관
do seo gwan

Hotel
호뗄
호텔
ho thel

Balai kota
빌라이 꼬따
시청
si cheong

Bank
방
은행
eun haeng

Rumah sakit
루마ㅎ 사낏
병원
byeong won

Kantor polisi
깐또ㄹ 뽈리시
경찰서
gyeong chal seo

Pompa bensin
뽐빠 벤신
주유소
ju yu so

Restoran
르ㅅ또란
식당
sik dang

Kantor pos
깐떠ㄹ 뻐ㅅ
우체국
u che gug

Tempat parkir
뜸빳 빠ㄹ끼ㄹ
주차장(옥내)
ju cha jang(ok nae)

Departemen kendaraan bermotor
드빠ㄹ뜨멘 끈다라안 브ㄹ머떠ㄹ
운전 면허국
un jeon myeon heo gug

Bus stop
부ㅅ ㅅ똡
버스 정류장
beo seu jeong ryu jang

Gedung pengadilan 법원	
그둥 뻥아딜란 beob won	
Pemadam kebakaran	소방서
쁘마담 끄바까란	so bang seo

Jalanan kota _ 시가지

Stadion 경기장
ㅅ따디언 gyeong gi jang

Pabrik 공장
빡릭 gong jang

Dealer mobil 자동차 딜러
딜르ㄹ 모빌 ja dong cha dil leo

Masjid 회교사원
마ㅅ짓 hwe gyo sa won

Bioskop 극장
비어ㅅ꼽 geug jang

Toko mebel 가구점
또꼬 메벨 ga gu jeom

Sekolah 학교
스꼴라ㅎ hak gyo

Pusat kebugaran 체육관
뿌삿 끄부가란 che yuk gwan

Kedai kopi 커피 숍
끄다이 꼬삐 kho phi syop

Motel 모텔
모뗄 mo thel

Sedang konstruksi 공사 현장
스당 껀ㅅ뜨룩시 gong sa hyeon jang

Pusat perbelanjaan 쇼핑 센터
뿌삿 쁘ㄹ블란자안 syo phing sen theo

Gedung pencakar langit 고층 건물
그둥 쁜짜까ㄹ 랑잇 go cheung geon mul

부록

Gereja 교회
그레자 gyo hwe

Supermarket 수퍼마켓
수쁘ㄹ마ㄹ껫 syu pheo ma khet

Kuburan 묘지
꾸부란 myo ji

Toko roti 제과점
또꼬 로띠 je gwa jeom

Sinagoga 유대 교회
시나고가 yu dae gyo hwe

Teater 극장
떼아뜨ㄹ geug jang

Masyarakat kampus 지역 대학
마샤라깟 깜뿌ㅅ ji yeok dae hak

Toko perbaikan rumah 건축 자재 판매점
또꼬 쁘ㄹ바이깐 루마ㅎ geon chuk ja jae phan mae jeom

Toko alat-alat kantor 사무실 용품 판매점
또꼬 알랏-말랏 깐떠ㄹ sa mu sil yong phum phan mae jeom

Gerobak sampah 쓰레기 차
그로박 삼빠ㅎ sseu re gi cha

Gedung serba guna 컨벤션 센터
그둥 스ㄹ바 구나 kheon ben syeon sen theo

250

Persimpangan _ 교차로

Ruang cuci baju 　　 빨래방
루앙쭈찌바주 　　 bbal lae bang

Binatu 　　 세탁소
비나뚜 　　 se thak so

Toko 　　 편의점
또꼬 　　 phyeon eui jeom

Apotek 　　 약국
아뻐떽 　　 yak guk

Tempat parkir 　　 주차공간
뜸빳 빠ㄹ끼ㄹ 　　 ju cha gong gan

Sudut 　　 모퉁이
수둣 　　 mo thong i

Lampu lalu lintas 　　 신호등
람뿌 랄루 린따ㅅ 　　 sin ho deung

Bis 　　 버스
비ㅅ 　　 beo seu

parkir untuk penyandang cacat 　　 장애인 주차장
빠ㄹ끼ㄹ 운뚝 쁜얀당 짜짯 　　 jang ae in ju cha jang

Restoran makanan cepat saji 　　 패스트푸드 식당
레ㅅ또란 마까난 쯔빳 사지 　 phae seu theu phu deu sik dang

Jendela drive-thru
즌델라 드라잎 뜨루
　　 차에 탄 채 주문하고 음식을 받아가는 (식의) 식당
cha e than chae ju mun ha go eum sik eul bat a ga neun (sik eui) sik dang

Troli 뜨롤리	카트 kha theu	**Tempat fotokopi** 뜸빳 포또꼬삐	복사센터 bok sa sen theo
Pejalan kaki 쁘잘란 까끼	보행자 bo haeng ja	**Kotak surat** 꼬딱 수랏	우체통 u che thong
Zebra cross 즙라 ㄲ러ㅅ	횡단보도 hweng dan bo do	**Toko video** 또꼬 피디오	비디오 가게 bi di o ga ge
Toko donat 또꼬 도낫	도넛가게 do neot ga ge	**Tepi jalan** 뜨뻬 잘란	연석 yeon seok

Kios majalah
끼어ㅅ 마잘라ㅎ

신문가판대
sin mun ga phan dae

Pipa air; Keran kebakaran
삐빠 아이ㄹ; 끄란 끄바까란

소화전
so hwa jeon

Pedagang kaki lima
쁘다강 까끼 리마

행상인
haeng sang in

Pusat penitipan anak
뿌삿 쁘니띠빤 아낙

보육시설
bo yuk sik seol

Halte bus
할떼 부ㅅ

버스정류장
beo seu jeong ryu jang

Tempat cukur rambut
뗌빳 쭈꾸ㄹ 람붓

이발소
i bal so

Sepatu 스빠뚜	자전거 ja jeon geo	Trotoar 뜨로떠아ㄹ	보도 bo do

Telepon umum 공중전화
뗄레뽄 우뭄 gong jung jeon hwa

Rambu lalu lintas 도로표지판
람부 랄루 린따ㅅ do ro pyo ji phan

Menyeberang jalan 길을 건너다
므녜브랑 잘란 gil eul / geon neo da

Menunggu lampu lalu lintas 신호등을 기다리다
므눙구 람뿌 랄루 린따ㅅ sin ho deung eul / gi da ri da

Menyeberang jalan 무단횡단 하다
므녜브랑 잘란 mu dan hwe dan / ha da

Bersepeda 자전거를 타다
브ㄹ스뻬다 ja jeon geo reul / tha da

Memakirkan mobil 자동차를 주차하다
므마ㄹ끼ㄹ모빌 ja dong cha reul / ju cha ha da

Membawa anjing jalan-jalan 강아지를 산책시키다
음바와안징잘란잘란 gang a ji reul / san cheak si khi da

부록

Bank _ 은행

Pelanggan 쁠랑간	손님 son nim	Slip deposit 슬맆 드뻐싯	입금용지 ib geum yong ji
Deposit 데뻐싯	입금 ib geum	Satpam 샷빰	경비원 gyeong bi won

Teler
떼레ㄹ
급전출납계원
geum jeon chul nab gye won

Mengamankan barang berharga
믕아만깐 바랑 브ㄹ하ㄹ가
금고
geum go

Brankas
ㅂ란까ㅅ
귀중품 보관함
gwi jung phum bo gwan ham

Barang-barang berharga
바랑-바랑 브ㄹ하ㄹ가
귀중품
gwi jung phum

Menukar dari cek ke uang
므누까ㄹ 다리 쩩 끄 우앙
수표를 현금화하다
su pyo reul / hyeon geum hwa ha da

Membuat deposit
음부앗 데뻐싯
입금하다
ib geum ha da

Bank online 온라인으로 은행 업무를 보다
방 온라인 on la in eu ro eun haeng eob mu reul bo da

Membuat akun baru
믐부앗 아꾼바루
계좌 열기

Buku tabungan 통장
부꾸따붕안 thong jang

Cek 수표
쩩 su pyo

Buku cek 수표책
부꾸쩩 su pyo chaek

Saldo 잔고
살도 jan go

Akun manajer 계좌 담당 매니저
아꾼 메네즈ㄹ gye jwa dam dang mae ni jeo

Nomor akun tabungan 예금계좌번호
너머ㄹ아꾼따붕안 ye geum gye jwa beon ho

Nomor akun cdk 당좌계좌번호
너머ㄹ아꾼 쯔드 까 dang jwa gye jwa beon ho

Kartu atm 현금자동 출납기 카드
까ㄹ뚜 아떼엠 hyeon geum ja dong chul nab gi kha deu

Pernyataan bank 은행명세서
쁘ㄹ냐따안 방 eun haeng myeong se seo

ATM
자동 현금 인출기

Masukkan kartu ATM   ATM 카드를 넣다
마숙깐 카ㄹ뚜 아떼음   ATM kha deu reul / neoh da

Masukkan nomor PIN   번호를 입력하다
마숙깐 노모르 핀   PIN beon ho reul / ib lyeok ha da

Menarik uang   현금을 인출하다
므나릭 우앙   hyeon geumm eul / in chul ha da

Menarik kartu kembali   카드를 빼다
므나릭 카르뚜 끔발리   kha deu reul / bbae da

Trasportasi _ 기본교통수단

Mobil	자동차	Kereta api	기차
모빌	ja dong cha	끄르따 아삐	gi cha
Penumpang	승객	Pesawat	비행기
쁘눔빵	seung gae	쁘사왓	bi haeng gi
Taksi	택시	Helikopter	헬리콥터
딱시	thaek si	헬리꼽뜨ㄹ	hel lo khop theo
Motor	오토바이	Bandara	공항
머떠ㄹ	o tho ba i	반다라	gong hang
Jalan	거리	Bus	버스
잘란	geo ri	부ㅅ	beo seu
Truk	트럭	Sepeda	자전거
뜨룩	theu reok	스쁘다	ja jeon geo

Statiun kereta bawah tanah 지하철 역
ㅅ따시운 끄르따 바와ㅎ 따나ㅎ ji ha cheol yeok

Kereta bawah tanah 지하철
끄르따 바와ㅎ 따나ㅎ ji ha cheol

Halte bus 버스 정류장
할뜨 부ㅅ beo seu jeong ryu jang

Trasportasi publik
대중교통

Halte bus
할뜨 부ㅅ
버스정류장

Rute bus 버스노선
루뜨 부ㅅ beo seu no seon

Tarif; Biaya 요금
따맆; 비아야 yeo geum

Pengguna bus 승객
뻥구나 부ㅅ seung gaek

Jadwal 일정표
잣왈 il jeong pyo

Pagar 개찰구
빠가ㄹ gae chal gu

Karcis koin 토큰
까ㄹ찌ㅅ 꼬인 thon kheun

Mesin penjual otomatis 자동판매기
므신 쁜주알 오또미띠ㅅ ja dong phan mae gi

Kartu pembayaran 요금카드
까ㄹ뚜 쁨바야란 yo geum kha deu

Stasiun kereta bawah tanah
ㅅ따시운 끄르따 바와ㅎ 따나ㅎ
지하철역

Mobil kereta bawah tanah
모빌 끄르따 보와ㅎ 따나ㅎ

지하철 전동차
ji ha cheol jeon dong cha

Peron
뻬런

플랫폼
puel laet phom

Stasiun kereta bawah tanah
ㅅ따시운 끄르따 바와ㅎ 따나ㅎ
전철역

Tempat penjualan tiket
뜸빳쁜주알란띠껫

매표소
mae phyo so

Konduktor
껀둑떠ㄹ

차장
cja jang

Jalur
잘루ㄹ

트랙
theu raek

Tiket
띠껫

승차권
seung cha gwon

부록

259

Satu jalan
사뚜잘란

편도 여행
phyeon do yeo haeng

Pulang-pergi
뿔랑쁘ㄹ기

왕복 여행

hwang bok yeo haeng

Sopir taksi
서삐ㄹ딱시

택시 운전사
thaek si un jeon sa

ID pengemudi
아이디 뼁으무디

택시 면허
thaek si myeon heo

Meter
메떼ㄹ

미터기
mi theo gi

Transportasi di bandara
공항교통수단

Halte taksi
할뜨 딱시

택시 승차장
thaek si seung cha jang

Antar jemput
안따ㄹ 즘뿟

셔틀
syeo theul

Mobil kota
모빌 꼬따

타운카
tha un kha

Bandara _ 공항

Terminal penerbangan udara
항공사터미널에서

Petugas
쁘뚜가ㅅ
　　　　　　　　　수화물 운반인
　　　　　　　　　su hwa mul un ban in

Cek di kios
쩩 디 꺼ㅅ
　　　　　　　　　체크인 데스크
　　　　　　　　　jhe kheu in de seu keu

Agen tiket
아겐 띠껫
　　　　　　　　　발권 담당 직원
　　　　　　　　　bal gwon dam dang jig won

Area pemeriksaan barang bawaan
아레아 쁘므릭사안 바랑 바와안
　　　　　　　　　심사구역
　　　　　　　　　sim sa gu yeok

Pemeriksaan oleh petugas
보안검사구역에서

Petugas TSA
쁘뚜가ㅅ 떼 에ㅅ 아
　　　　　　　　　TSA직원 / 보안검사원
　　　　　　　　　TSA jik won / bo an geom sa won

Baki   용기
바끼   yong gi

Di bea cukai
디 베아 쭈까이
세관에서

Surat deklarasi   신고서
수랏덱글라라시   sin go seo

Petugas bea cukai   세관직원
쁘뚜가ㅅ베아쭈까이   se gwan jik won

Koper / tas   수하물 / 가방
꺼쁘ㄹ / 따ㅅ   su ha mul / ga bang

Tiket Elektronik (e-tiket)   전자티켓
띠껫엘렉뜨러닉 (이띠껫)   jeon ja thi khet

Karcis naik   탑승권
까ㄹ찌ㅅ 나익   thab seung gwon

Baki   트레이 테이블
바끼   theu re i the i beul

Gejolak saat penerbangan   난류
그절락 사앗 쁘느ㄹ방안   nan ryu

Tempat pengambilan bagasi   수하물 컨베이어
뜸빳 쁭암빌란 바가시   su ha mul kheon be i eo

Masker oksigen   산소마스크
마스끄ㄹ 옥시겐   san so ma seu kheu

Pelampung keselamatan   구명조끼
쁠람뿡 끄셀라마딴   gu myeong jo kki

Kartu darurat   비상구 안내카드
까ㄹ뚜다루랏   bi sang gu an nae kha deu

Tinggal landas   이륙하다 / 출발하다
띵갈란다ㅅ   i ryuk ha da / chul bal ha da

Memasukkan barang bawaan ke kabin
므마숙깐 바랑 바와안 끄 까빈   기내 휴대물을 보관함에 넣는다
gi nae hyu dae mul eul / bo gwan ham e / neoh neun da

Mengencangkan sabuk pengaman   안전벨트를 맨다
믕은짱깐 사북 쁭아만   an jeon bel theu reul / maen da

Di gerbang
디 그ㄹ방
게이트에서

Monitor keberangkatan dan kedatangan
모니떠ㄹ 끄브랑까딴 단 끄다땅안   이착륙 모니터
i chak ryuk mo ni theo

부록

Gerbang 그ㄹ방	게이트 ge i theu
Daerah boarding 다에라ㅎ 보ㄹ딩	탑승구역 thab seung gu yeok

Di dalam pesawat
디달람 쁘사왓
기내에서

Kokpit 꺽삗	조종실 jo jong sil
Pilot 삘롯	조종사 jo jong sa
Pramugari 쁘라무가리	승무원 seung mu won
Kabin 까빈	머리 위 짐칸 meo ri wi jim khan
Pintu keluar darurat 삔뚜 끄루아ㄹ 다루랏	비상구 bi sang gu
Penumpang 쁘눔빵	승객 seung gaek

Direbahkan 디 레바ㅎ깐	뒤로 젖힌 좌석 dwi ro jeoj hin jwa seok
Ditegakkan 디뜨각깐	바로 세운 좌석 ba ro se un jwa seok
Tepat waktu 뜨빳 왁뚜	정시에 jeong si e
Penerbangan tertunda 쁘느ㄹ방안 뜨르뚠다	비행지연 bi haeng ji yeon

Naik pesawat
나익 쁘사왓
비행기 타기

Check-in secara elektronik   컴퓨터로 체크인 한다
책인 스짜라 엘렉뜨로닉
         kheom phyu theo ro che kheu in han da

Memeriksa tas   가방을 검사한다
므므릭사 따ㅅ   ga bang eul / geom sa han da

Menunjukkan pas naik   탑승권과 신분증 제시한다
므눈죽깐 빠ㅅ 나익
    thab seung gwon gwa / sin bun jeung / je si han da

부록

Melewati petugas keamanan   보안검사를 통과한다
믈레와띠 쁘뚜가ㅅ 끄아마난
　　　　　　　　　bo an geom sa reul / thong gwa han da

Masuk pesawat   비행기에 탑승한다
마숙 쁘사왓　　　bi haeng gi e / thab seung han da

Mencari kursi   좌석을 찾는다
멘짜리꾸ㄹ시　　　jwa seokk eul chaj neun da

Mematikan telepon selular   휴대전화를 끈다
므마띠깐 뗄레뽄 슬루레ㄹ   hyu dae jeon hwa reul / kkeun da

Mendarat   착륙하다 / 도착하다
믄다랏　　　chak ryuk ha da / do chak ha da

Mengambil bagasi   수화물을 찾는다
믕암빌 바가시　　　su hwa mul eul / chaj neun da

Pekerjaan _ 직업

Akuntan 아꾼딴	회계사 hwe gye sa	**Seniman** 스니만	예술가 ye sul ga
Aktor 악떠ㄹ	배우 bae u	**Perakit** 쁘라낏	조립공 jo rib gong
Arsitek 아ㄹ시떼	건축가 geon chuk ga	**Montir** 머ㄹ띠ㄹ	자동차 기술자 ja dong cha gi sul ja

Asisten administrasi
아시ㅅ뗀 앗미니ㅅ뜨라시

사무원
sa mu won

Petugas reparasi
쁘뚜가ㅅ 레빠라시

가전제품 수리공
ga jeon je phum su ri gong

Pengasuh anak
뻥아수ㅎ아낙

아기 봐주는 사람
a gi bwa ju neun sa ram

Asisten dokter gigi
아시ㅅ뗀독뜨ㄹ기기

치과보조원
chi gwa bo jo won

Pekerja dermaga
쁘꺼ㄹ자 드ㄹ마가

부두근로자
bu du geun lo ja

Loper 배달원 러쁘ㄹ bae dal won	**Tukang kebun** 정원사 뚜깡 꼬분 jeong won sa
Insinyur 엔지니어 인시뉴ㄹ en ji ni eo	**Pekerja garmen** 재봉사 쁘꺼ㄹ자 가ㄹ멘 jae bong sa
Penjual bunga 플로리스트 쁘주알 붕아 peul lo ri seu theu	**Asisten dokter** 의사 보조원 아시ㅅ뗀덕뜨ㄹ eui sa bo jo won

Teknisi elektronik 　　　전자제품 수리공
떼끄니시 엘렉뜨러닉　jeon ja je phum su ri gong

Pemadam kebakaran 　　　소방수
쁘마담 끄바까란　　　　so bang su

Desainer grafis 　　　그래픽 디자이너
드사이느ㄹ ㄱ라피ㅅ　geu rae phik di ja i neo

Penata rambut 　　　미용사 / 헤어 디자이너
쁘나따람붓　mi yong sa / he eo di ja in neo

Pengasuh dirumah 　　　재택 간병인
쁭아수ㅎ디루마ㅎ　jae thak gan byeong in

Terapis okupasi 　　　직업치료사
뜨라삐ㅅ오꾸빠시　jikk eob chi ryo sa

Tukang cat 　　　(주택) 페인트공
뚜깡짯　(ju thaek) phe in theu gong

Polisi	경찰관	**Tukang roti**	제빵사
뽈리시	gyeng chal gwan	뚜깡 로띠	je bbang sa
Petugas pos	우체국직원	**Pengusaha**	비즈니스맨
쁘뚜가ㅅ뻐ㅅu	che gug jik won	쁭우사하	bi jeu ni seu maen
Resepsionis	접수원	**Tukang daging**	푸주한
르쎕시오니ㅅ	jeob su won	뚜깡 다깅	phu ju han
Reporter	기자	**Tukang kayu**	목수
레뻐ㄹ뜨ㄹ	gi ja	뚜깡 까유	mok su
Pelayan	종업원	**Kasir**	계산원
쁠라얀	jong eob won	까시ㄹ	gye san won

Teknisi percetakan 인쇄기술자
떽니시쁘ㄹ쩨따깐　in swae gi sul ja

Karyawan ritel 소매점직원
까ㄹ야완리뗄　so mae jeom jik won

Tukang sampah 환경미화원
뚜깡 삼빠ㅎ　hwan gyeong mi hwa won

Petugas keamanan 경비원
쁘뚜가ㅅ 끄아마난　gyeong bi won

Pemilik bisnis 사업경영자
쁘밀릭 비시니ㅅ　sa eob gyeong yeong ja

부록

Nelayan 늘라얀	어부 eo bu	**Pembantu** 쁨반뚜	가정부 ga jeom bu
Ibu rumah tangga 이부 루마ㅎ 땅가	주부 ju bu	**Pengacara** 쁭아짜라	변호사 byeon ho sa

Pekerja di tempat pengasuhan anak   탁아소 직원
쁘끄ㄹ자 디 뜸빳 쁭아수한   thak a so jik won

Insinyur perangkat lunak komputer
인시뉴ㄹ 쁘랑깟 루낙 껌뿌뜨ㄹ   컴퓨터 소프트웨어 엔지니어
kheom pyu theo so pheu theu we eo en ji ni eo

Teknisi komputer   컴퓨터 기술자
떼끄니시 껌뿌뜨ㄹ   kheom phyu theo gi sul ja

Layanan pelanggan   고객 서비스 담당 직원
라야난 쁠랑간   go gaek seo bi seu dam dang jik won

Penerjemah   통역사 / 번역사
쁘느ㄹ즈마ㅎ   thong yeok sa / beon yeok sa

Operator mesin   기계 작동자
오쁘라떠ㄹ 므신   gi gye ja dong ja

Penata kuku   매니큐어 미용사
쁘나따 꾸꾸   mae ni khyu eo mi yong sa

Teknisi catatan medis   병원기록 관리직
떼끄니시 짜따딴 메디ㅅ   byeong won gi rok gwan li jik

Kurir	택배원
꾸리ㄹ	taek bae won

Model	모델
모델	mo del

Pemusik	음악가
쁘무식	eum ak ga

Suster	간호사
수ㅅ뜨ㄹ	gan ho sa

Prajurit	군인
쁘라주릿	gun in

Petugas gudang	창고원
쁘뚜가ㅅ 구당	chang go won

Sopir truk	트럭 기사
서삐ㄹ 뜨룩	theu reok gi sa

Dokter hewan	수의사
덕뜨ㄹ 헤완	su eui sa

Tukang las	용접공
꾸깡 라ㅅ	yong jeob gong

Penulis	작가
쁘눌리ㅅ	jak ga

부록

Kurir pindah rumah	이사짐 배달원
꾸리ㄹ 삔다ㅎ 루마ㅎ	i sa jim bae dal won

Pekerja sosial	사회사업 담당 직원
쁘끄ㄹ자 소시알	sa hwe sa eob dam dang jik won

Telemarketing	텔레마케팅을 하는 사람
뗄레마ㄹ끄띵	thel le ma khe thing eul ha neun sa ram

Kantor _ 사무실

Petugas 쁘뚜가ㅅ	사무원 sa mu won	**Pembatas** 쁨바따ㅅ	칸막이 khan mak i
Ruang rapat 루앙 라빳	회의실 hwe eui sil	**Meja** 메자	책상 chaek sang
Manajer 마나즈ㄹ	경영진 gyeong yong jin	**Lemari arsip** 르마리 아ㄹ싶	서류함 seo ryu ham

Lemari pasokan
르마리 빠소깐

비품 보관함
bi phum bo gwan ham

Tukang bersih-bersih (OB)
뚜깡 브ㄹ시ㅎ 브ㄹ시ㅎ (오베)

청소부
cheong so bu

Presentasi
쁘레센따시

프레젠테이션
pheu re jen the i syeon

Manajer kantor
마나즈ㄹ 깐떠ㄹ

사무실 매니저
sa mu sil mae ni jeo

Petugas arsip
쁘뚜가ㅅ 아ㄹ싶

사무보조원
sa mu bo jo won

Mesin fotocopy 므신 포또꼬삐	복사기 bok sa gi	**Kalkulator** 깔꿀라떠ㄹ	계산기 gye san gi

Pemotong kertas 종이재단기
쁘모똥 끄ㄹ따ㅅ jong i jae dan gi

Mesin penghancur kertas 분쇄기
므신 뻥한쭈ㄹ 끄ㄹ따ㅅ bun swe gi

Rautan pensil listrik 전동 연필깎이
라웃안 뻰실 리ㅅ뜨릭 jeon dong yeon phil kkakk i

Timbangan 우편물 저울
띰방안 u pyeon mul jeo ul

부록

Perlengkapan kantor
쁘ㄹ렝까빤 깐떠ㄹ
사무용품

Stepler ㅅ뗍레ㄹ	스테이플러 seu the i pheul leo	**Klip kertas** 끄맆 끄ㄹ따ㅅ	페이퍼 클립 phe i pheo kheul lib
Staples ㅅ뗍레ㅅ	스테이플 seu the i pheul	**Tinta printer** 띤따 쁘린떼ㄹ	잉크 카트리지 ing kheu kha theu ri ji
Isolasi 이솔라시	투명 테이프 thu myeong the i pheu	**Bantalan cap** 반딸란 짭	잉크패드 ing kheu phae deu

Cap	스탬프	**Resepsionis**	안내
짭	seu thaem pheu	르셉시오니ㅅ	an nae

Teknisi komputer
떼니시 껌뿌뜨ㄹ 컴퓨터 기술자
khoem phyu theo gi sul ja

Tempat resepsionis
르셉시오니ㅅ 접수 안내 구역
jeob su an nae gu yeok

Telepon 전화교환기
뗄레뽄 jeon hwa gyo hwan gi

Ruang tunggu 대기 공간
루앙 뚱구 dae gi gong gak

Alat-alat kantor
알랏-알랏 깐떠ㄹ
사무실 장비

Komputer 컴퓨터
껌뿌뜨ㄹ kheom pyu theo

Mesin faks 팩스기
므신 팩ㅅ phaek seu gi

Printer 잉크젯 프린터
쁘린뜨ㄹ
ing kheu jet pheu rin theo

Lakban 포장 테이프
락반 pho jang the i pheu

Printer laser 레이저 프린터
쁘린떼ㄹ 라스ㄹ
re i jeo pheu rin theo

Lem 풀
렘 phul

Karet 고무밴드
까렛 go mu baen deu

Scanner 스캐너
ㅅ께느ㄹ seu khae neo

Pin 압정
삔 ab jeong

Tip-ex cair	수정액	**Amplop**	봉투
띺-엣 짜이ㄹ	su jeong aek	암쁠롶	bong thu
Post-it	포스트잇	**Agenda rencana**	오거나이저
뽀ㅅㄸ 잇	pho seu theu it	아겐다 른짜나	o geo na i jeo
Pengirim	메일러	**Folder file**	파일 폴더
뻥이림	me il leo	폴드ㄹ 파일	pha il phol deo

Kertas kosong
끄ㄹ따ㅅ 꼬송

항색 괘선 지철
hang saek gwae seon ji cheol

Label alamat
라벨 알라맛

우편물 라벨
u phyeon mul la bel

Logo perusahaan
로고 쁘루사하안

회사로그 인쇄용지 / 물품
hwe sa lo geu in swae yong ji / mul phum

Kartu file
까ㄹ뚜 파일

회전카드 파일
hwe jeon kha deu pha il

Agenda janji
아겐다 잔지

일정관리 수첩
il jeong gwan li su cheob

부록

275

Tempat berpergian
놀러갈 곳

Kebun binatang 동물원
끄분 비나땅 dong mul won

Bioskop 영화관
비어스꼽 yeong hwa gwan

Kebun 식물원
끄분 sik mul won

Tempat bowling 볼링장
뗌빳볼링 bol ling jang

Aquarium 수족관
아꾸아리움 su jok gwan

Konser band rock 록콘서트
꼰세ㄹ벤럭 lok khon seo theu

Pasar menjual barang bekas 중고품 시장 / 벼룩시장
빠사ㄹ 믄주알 바랑 브까스
jong go phum si jang / byeo luk si jang

Kosakata dalam olahraga
스포츠 동사

Melempar 믈렘빠ㄹ	던지다 deon ji da	Mengoper 믕오뻬ㄹ	패스하다 phae seu ha da
Memukul 므무꿀	치다 chi da	Menembak 므넴박	슛하다 shut ha da
Melempar 믈렘빠ㄹ	던지다 deon ji da	Lompat 롬빳	점프하다 jeom pheu ha da
Menangkap 므낭깝	잡다 jab da	Terjun 뜨ㄹ준	다이빙하다 da i bing ha da
Menendang 므는당	차다 cha da	Berenang 브르낭	수영하다 su yeong ha da
Menahan 므나한	태클하다 thae kheul ha da	Olahraga 올라ㅎ라가	운동하다 un dong ha da

Sepatu luncur
스빠뚜 룬쭈ㄹ

스케이트를 타다
seu khe i theu reul / tha da

Menggiring bola
믕기링 볼라

드리블 하다
deu ri beul / ha da

Membungkuk 구부리다	Berlomba 경주하다
음붕꾹 gu bu ri da	쁘ㄹ롬바안 gyeong ju ha da
Mengayunkan 스윙하다	Ski 스키를 타다
믕아윤깐 seu wing ha da	ㅅ끼 seu khi reul tha da
Memulai 출발하다	
므물라이 chul bal ha da	

Pemanasan 스트레칭하다
쁘마나산 seu theu re ching ha da

Memberikan bola (menyervis bola) 서브하다
음브리깐 볼라 (므녜ㄹ피ㅅ 볼라) seo beu ha da

Selesai 결승점에 닿다
슬레사이 gyeol seung jeom e dah da

Kelas _ 교실

Papantulis 빠빤 뚤리ㅅ	칠판 Chil phan	**Pelajar** 쁠라자ㄹ	학생 Hak seang
Layar 라야ㄹ	스크린 Seu kheu rin	**Silahkan** 실라ㅎ깐	~하세요 ~ ha se yo

Tunjuk jari / angkat tangan   손을 들다
뚠죽 자리 / 앙깟 땅안   Son eul deul da

Silahkan makan   식사하세요
실라ㅎ깐 마깐   Sik sa ha se yo

Silahkan datang; selamat datang   어서오세요
실라ㅎ깐 다땅; 슬라맛 다땅   Eo seo o se yo

Tolong   도와 주세요
똘롱   Do wa ju se yo

Tolong saya   저를 도와 주세요
똘롱 사야   Jeo reul / do wa ju se yo

Tolong bantu saya   저를 도와 주세요
똘롱 반뚜 사야   Jeo reul / do wa ju se yo

부록

Jangan	하지마세요	Ayo	자, ~하자
장안	Ha ji ma se yo	아요	Ja, -ha ja

Jangan bicara keras-keras
장안 비짜라 끄라ㅅ 끄라ㅅ

큰 소리로 이야기하지 마세요
Kheun so ri ro / I ya hi ha ji / ma se yo

Jangan salahpaham
장안 살라ㅎ 빠함

오해하지 마세요
O hae ha ji ma se yo

Bisa / dapat
비사 / 다빳

할 수 있다 / 할 수 있다
Hal su it ta / hal su ob ta

Saya bisa berbicara bahasa Korea
사야 비사 브르비짜라 바하사 꼬레아

저는 한국어로 이야기할 수 있습니다
Jeo neun / hang guk o ro / I ya gi hal su I seum ni da

Saya bisa menyetir mobil
사야 비사 므녜띠ㄹ 모빌

저는 차 운전을 할 수 있습니다
Jeo neun / cha un jeonn eul / hal su I seum ni da

Saya bisa berenang
사야 비사 브르낭

저는 수영을 할 수 있습니다
Jeo neun / su yeong eul / hal su Is seum ni da

Ayo pergi 아요 쁘ㄹ기	자, 가자 Ja, ga ja	Kenapa? 끄나빠?	왜? We?
Ayo pulang 아요 뿔랑	자, 돌아가자 Ja, dol la ga ja	Mengapa? 믕아빠	왜? we
Apa? 아빠	무엇? Mu ot?	Berapa? 브라빠?	몇? Myot?

Apai ni?
아빠 이니?
이 것은 무엇입니까?
I geot seun / mu eot sim ni kka?

Apa itu?
아빠 이뚜?
저 것은 무엇입니까?
Jeo geot seun / mu eot sim ni ka?

Apa artinya?
아빠 아ㄹ띠냐?
무슨 뜻입니까?
Mu seun / tteu sim ni ka?

Kenapa begitu?
끄나빠 브기뚜
왜 그렇습니까?
We / ke roh sem ni ka?

Kenapa sedih?
끄나빠 스디ㅎ
왜 슬픕니까?
We seul pheum ni ka?

Mengapa bisa begini?
믕아빠 비사 브기니?
왜 이렇게 할 수 있습니까?
We / I ro ke / hal su I seb ni ka?

Mengapa tidak boleh?
믕아빠 띠닥 볼레ㅎ?
왜 안됩니까?
We / an dem ni ka?

Naik 타다 | Jam berapa? 몇 시?
나익 Ta da | 잠 브라빠? Myeot si?

Berapa saudaramu? 네 형제는 몇이니?
브라빠 사우다라무? Ne / hyeong je neun / myot si ni?

Berapa jumlah payungmu? 네 우산은 총 몇 개니?
브라빠 줌라ㅎ 빠융무 Ne /u san eun / chung myeot hae ni?

Berapa harganya? 가격이 얼마입니까?
브라빠 하ㄹ가냐? Ga geok I / eol ma im ni ka?

Berapa jam dari Seoul ke Pusan naik kereta?
브라빠 잠 다리 서울 끄 부산 나익 끄르따?
서울에서 부산까지 기차로 몇 시간 걸립니까?
Seo ul e seo / bu san ka ji / gi cha ro / myet si gan / geol lib ni ka?

Naik bis 버스를 탑니다
나익 비ㅅ Beo se reul / tam ni da

Naik kereta bawah tanah 지하철을 탑니다.
나익 끄르따 바와ㅎ 따나ㅎ Ji ha cheol eul / tam ni da

Jam berapa sekarang? 지금은 몇시 입니까?
잠 브라빠 스까랑? Ji geum eun / myeot si / im ni ka?

Berapa harganya? 가격이 얼마입니까?
브라빠 하ㄹ가냐? Ga gyeok I / eol ma / im ni ka?

Berapa stasiun lagi?
브라빠 ㅅ따시운 라기?

몇 정류장이 남았습니까?
Myeot jeong ryu I / nam ma seum ni ka?

Berapa totalnya?
브라빠 또딸냐?

총 얼마입니까?
chong eolma im ni ka?

Tidakbisa
띠닥 비사

할 수 없습니다
Hal su ob seum ni da

Saya tidak bisa tidur
사야 띠닥 비사 띠두ㄹ

저는 잠을 잘 수가 없습니다
Jeo neun / jam eul / jal su ga / ob seum ni da

Saya tidak bisa makan pedas
사야 띠닥 비사 마깐 쁘다ㅅ

저는 매운 음식을 먹지 못합니다
Jeo neun/ mae un eum sikk eul / meok ji / mutt am ni da

Suka
수까

좋아하다
Jo a ha da

Saya suka anjing
사야 수까 안징

저는 개를 좋아합니다
Jeo neun / gae reul / jo a ham ni da

Saya suka eskrim
사야 수까 안징 에ㅅ 끄림

저는 아이스크림을 좋아합니다
Jeo neun / ai se geu rim eul / jo a ham ni da

Tidak suka
띠닥 수까

좋아하지 않습니다
Jo a ha ji / an seum ni da

부록

Mari	~합시다	Siapa?	누구?
마리	Hab si da	시아빠	Nu gu?
Mari masuk	들어갑시다	Bagaimana?	어떻게?
마리 마숙	Deul lo gab si da	바가이마나	O tteo ke?
Mari duduk	앉읍시다	Di mana?	어디에?
마리 두둑	An jab si da	디 마나	Eo do e?

Saya tidak suka merokok 저는 담배피우는 것을
사야 띠닥 수까 므러꺽   좋아하지 않습니다
Jeo neun / dam be pi u neun got seul / jo a ha ji an seum ni da

Saya tidak suka minum 저는 (술)마시는 것을
사야 띠닥 수까 미눔   좋아하지 않습니다.
Jeo neun / sul ma si neun geot seul / jo a ha ji an seum ni da

Siapa dia (perempuan)? 그녀는 누구입니까?
시아빠 디아 (쁘름뿌안) Geu nyo neun / nu gu / im ni ka?

Siapa dia (laki-laki)? 그는 누구입니까?
시아빠 디아 (라끼-라끼) Geu neun / nu gu / im ni ka?

Bagaimana itu? 저 것은 어떻습니까?
바가이마나 이뚜? Jeo geots eun/o ttoh seum ni ka?

Bagaimana hasilnya? 성과는 어떻습니까?
바가이마나 하실냐? Seong gwa neun / eo ttoh seum ni kka?

| Kapan? | 언제? | Jam 5 | 5시 |
| 까빤? | Eon je? | 잠 리마 | O si |

| Pada hari Senin | 월요일에 | Pukul 5 | 5시 |
| 빠다 하리 스닌 | Wol yo il e | 뿌꿀 리마 | O si |

| Pada pukul 5 | 5시에 | Pada ibu guru | 선생님에게 |
| 빠다 뿌꿀 리마 | Jam 5 | 빠다 이부 구루 | Seon saeng nim / e ge |

| Jam | 시 |
| 잠 | si |

Di mana letaknya? 어디에 위치해 있습니까?
디 마나 르딱냐? Eo do e / wi chi e / I seum ni ka?

Di mana ATM? 현금인출기는 어디에 있습니까?
디 마나 아떼엠? Hyen geum in chul gi neun / eo di e / I seum ni ka?

Di mana anak saya? 제 아이는 어디에 있습니까?
디 마나 아낙 사야? Je / a i neun / eo do e / I seum ni ka?

Kapan kita akan pergi? 언제 우리가 갈 것입니까?
까빤 끼따 아깐 쁘ㄹ기? Eon je / u ri ga / gal got sim ni ka?

Kapan kereta berangkat? 언제 기차가 출발합니까?
까빤 끄르따 브랑깟? Eon Je / gi ja ga / chul bal hab ni ka?

Pada ~에(시간 앞에 나오는 전치사)
빠다 ~ e

Kamu harus berbakti pada orang tua
까무 하루ㅅ 브ㄹ박띠 빠다 오랑 뚜아
너는 부모님에게 충성해야 한다.
Neo neun / bu mo nim e ge / chung seong he ya han da

Berikan buku ini pada ibu guru
브리깐 부꾸 이니 빠다 이부 구루 이 책을 선생님께 드리세요
I chaek keul / seon seang nim ke / de ri se yo

Kepada ~에게
끄빠다 ~e ge

Kita harus hormat kepada Ibu pimpinan
끼따 하루ㅅ 호ㄹ맛 끄빠다 이부 삠삐난
우리는 대표님에게 존경을 표해야 합니다.
U ri neun / dae pyo nim e ge / jon gyeong eul / phyo hae ya ham ni da

Bagasi _ 수화물/짐

Bagasi 짐 / 수화물
바가시 Jim / su hwa mul

Di mana klaim bagasi?
디 마나 끌라임 바가시? 수화물 클레임이 어디에 있습니까?
Su hwa mul kel le imm l / eo di e / I seum ni ka?

Di mana loker penitipan bagasi?
디 마나 로끄ㄹ 쁘니띠빤 바가시?
짐 맡기는 곳이 어디에 있습니까?
Jim ma ki neun got si / eo di e iseum ni ka?

Di mana kereta bagasi?
디 마나 끄르따 바가시? 수화물 기차가 어디에 있습니까?
Su hwa mul / gi cha ga / eo di e I seum ni ka?

Bagasi saya rusak. 제 짐이 망가졌습니다.
바가시 사야 루삭 Je jim I / mang ka jyeos seum ni da

Bagasi saya hilang 제 짐이 사라졌습니다.
바가시 사야 힐랑 Je jim I / sa ra / jeos seum ni da

Bagasi saya dicuri 제 짐을 도둑 맞았습니다.
바가시 사야 디쭈리 Je jim eul / do dok / ma jas seum ni da

부록

Ini milik saya 이 것은 제 것입니다
이니 밀릭 사야 I geo seun / je geot / sim ni da

Ini bukan milik saya 이 것은 제 것이 아닙니다
이니 부깐 밀릭 사야 I geo seun / je geot si / a nim ni da

Di mana saya bisa menukar uang?
디 마나 사야 비사 므누까ㄹ 우앙?
제가 어디에서 환전을 할 수 있습니까?
Je ga / o di e seo / hwan jeonn eul /
hal su I seum ni ka?

Transportasi Umum _ 대중교통

Transportasi umum
따란ㅅ뽀ㄹ따시 우뭄

대중교통
Dae jung gyo thong

Ini stasiun apa?   이 것은 무슨 정류장입니까?
이니 ㅅ따시운 아빠?   (여기는 무슨 정류장입니까?)
    I geot seun / mu seun jeong ryu jang / im ni ka?
    Yeo gi neun / mu seun jeong ryu jang / im ni ka?

Stasiun berikutnya apa?   다음 정류장은 어디입니까?
ㅅ따시운 브리꿋냐 아빠?
    Da eum / jeong ryu jang eun / eo di im ni ka?

Saya harus ganti kereta?   제가 환승을 해야 합니까?
사야 하루ㅅ 간띠 끄르따?
    Je ga / hwan seung eul / hae ya ham ni ka?

Ini langsung?   이 것은 직행입니까?
이니 랑숭?   I geot seun / jik haeng / im ni ka?

Ongkos ke Pusan berapa?
엉꺼ㅅ 께 부산 브라빠?   부산까지의 요금은 얼마입니까?
    Bu san ka ji eul yo geum meun / eol ma im ni ka?

부록

Saya akan jalan kaki saja.　　　저는 걸어서 갈께요.
뭉낀 사야 잘란 까끼 사자　Jeo neun / geol leo seo / gal ke yo

Kereta berikutnya jam berapa?
끄르따 브리꿋냐 잠 브라빠?　　다음 기차는 몇 시에 있습니까?
　　Da eum / go cha neun / myeot si e / I seum ni ka?

Kereta paling pagi jam berapa?
끄르따 빨링 빠기 잠 브라빠?　　첫 기차는 몇 시에 있습니까?
　　Cheot gi cha neun / myeot sI e / I seum ni ka?

Kereta paling malam jam berapa?
끄르따 빨링 말람 잠 브라빠?　　막차는 몇시에 있습니까?
　　Mak cha neun / myeot si e / I seum ni ka?

Taksi _ 택시

Taksi 택시
딱시 Tek si

Di mana pangkalan taksi?
디 마나까ㅎ 빵깔란 딱시? 택시 승강장이 어디입니까?
Tek si / seung gang jang I / eo do im ni ka?

Taksi ini kosong? 이 택시는 빈 택시입니까?
딱시 이니 꺼성 I taek si neun / bin / taek si im ni ka?

Berapa ongkosnya kalau sampai ke stasiun Seoul? 서울역까지 간다면 / 요금이 얼마입니까?
브라빠 엉꺼ㅅ냐 깔라우 삼빠이 끄 ㅅ따시운 서울
Seo ul yeok ka ji / gan da myeon / yo geum mi / eol ma im ni ka?

Tolong antar saya ke······.
똘렁 안따ㄹ 사야 끄···. 저를 _____로 데려다 주세요.
Jeo reul_____ro / de ryo da / ju se yo

Boleh bawa anjing? 강아지를 데려가도 됩니까?
볼레ㅎ 바와 안징? Kang a ki reul / de ryeo ga do / dwim ni ka?

Bisa buka bagasinya? 트렁크를 열어 주실 수 있습니까?
비사부까 바가시냐
 Theu reong kheu reul / yol lo / ju sil / su / I seum ni ka?

Tolong pelan-pelan 천천히 가주세요.
똘롱 쁠란 쁠란　　　　　　　Cheon Cheon hi / ga ju se yo

Tolong hati-hati 조심하세요.
똘롱 하띠 하띠　　　　　　　Jo sim / ha se yo

Tolong tunggu sebentar disini.
똘롱 뚱구 스븐따ㄹ 디시니　　여기에서 잠시 기다려 주세요.
　　　　　　　Yeo gi e seo / cham si / gi da ryeo / ju se yo

Tolong belok kiri. 좌회전 해주세요.
똘롱 블럭 끼리　　　　　　　Cha hwei jeon / he ju se yo

Tolong belok kanan. 우회전 해주세요.
똘롱 블럭 까난　　　　　　　U hwi jeon / hae ju se yo.

Tolong putar balik 다시 되돌아가 주세요.
똘롱 뿌따ㄹ 발릭　　　　　　Da si / dwi dol a ga / ju se yo

Tolong lewat jalan pintas 지름길로 가주세요.
똘롱 르왓 잘란 삔따ㅅ　　　　Ji reum gil lo / ga ju se yo

Tolong cepat 빨리 가주세요.
똘롱 쯔빳　　　　　　　　　Pal li / ga ju se yo

Macet lagi   다시 막혀요.
마쯧 라기   Da si / mak kyeo yo

Tolong nyalakan AC nya Pak / Bu Supir
똘롱 날라깐 아세냐 빡 / 부 수삐ㄹ   기사님 에어컨을 켜주세요.
                                Gi sa nim / e eo kheon eul / khyeo ju se yo

Tolong nyalakan heaternya Pak / Bu Supir
똘롱 날라깐 히뜨ㄹ냐 빡 / 부 수삐ㄹ   기사님 히터를 켜주세요.
                                Gi sa nim / hi theo reul / khyeo ju se yo

Tolong buka jendelanya Pak / Ibusupir
똘롱 부까 즌들라냐 빡 / 이부 수삐ㄹ   기사님 창문을 열어주세요.
                                Gi sa nim / chang mun eul / yol lo ju se yo

부록

Di perjalanan dan masalah
여행길에서 그리고 문제

Di perjalanan dan masalah   여행길에서 그리고 문제
디 쁘ㄹ잘라난 단 마살라ㅎ
Yeo haeng gil e so / ke ri go / mun je

Berapa batas kecepatan di sini?
브라빠 바따ㅅ 끄쯔빠딴 디시니?   여기서 속도제한은 얼마입니까?
Yeo gi seo / sok do je han eun / eol ma im ni ka?

Ini jalan ke…?   이 것은 ＿＿＿＿로 갑니까?
이니 잘란 끄…?   I geot seun / ＿＿＿＿ro / ham ni ka?

Di mana ada pompa bensin?
디마나 아다 뽐빠 뻰신?   주유소가 어디에 있습니까?
Ju yu so ga / eo di e / I seum ni ka?

Tolong isi 20 liter.   20리터를 채워주세요.
떨롱 이시 두아뿔루ㅎ 리뜨ㄹ   I sip li teo reul / che wo ju se yo

Tolong isi penuh.   가득 채워주세요.
떨렁 이시 쁘누ㅎ   Ga dek / chae wo / ju se yo

Boleh parkir di sini?   여기에 주차해도 됩니까?
볼레ㅎ 빠르끼ㄹ 디시니?
Yeo gi e / ju cha he do / dwim ni ka?

Berapa saya harus bayar?
브라빠 사야 하루ㅅ 바야ㄹ? 제가 얼마를 지불해야 합니까?
Je ga / eol ma reul / ji bul hae ya / ham ni ka?

Saya perlu montir
사야 쁘ㄹ루 먼띠ㄹ 저는 기술자가 필요합니다.
Jeo neun / gi sul ga / phil yo ham ni da

Saya menabrak pohon.
사야 므납락 뽀혼 저는 나무를 들이받았어요.
Jeo neun / na mu reul deul / I ba da so yo

Mobil saya mogok.
모빌 사야 머걱 제 차가 고장났어요.
Je cha ga / go jang / na so yo

Ban saya kempes
반 사야 끔뻬ㅅ 제 타이어가 펑크났습니다.
Je / tha I eo ga / pheong kheu nas seum ni da

Mesinnya mati
므신냐 마띠 엔진이 나갔습니다.
Ein jin I / na ga seum ni da

Lampunya tidak mau menyala
람뿌냐 띠닥 마우 날라 등이 켜지지 않습니다.
Deung I / kyeo ji ji / an seum ni da

Tolong perbaiki.
똘렁 쁘ㄹ바이끼 수리해 주세요.
Su ri he ju se yo

Berapa lama selesainya?
브라빠 라마 슬르사이냐? 끝나는 데 얼마나 걸립니까?
Ket na neun / eol ma na / geol rim ni ka?

부록

Berapa biaya perbaikannya?
브라빠 비아야 쁘ㄹ바이깐냐?   수리 비용이 얼마입니까?
                                 Su ri bi yong I / ol ma im ni ka?

Saya mendapat kecelakaan.   저는 사고가 났습니다
사야 믄다빳 끄쯜라까안   Jeo neun / sa go /
                                 ga na seum ni da

Akomodasi _ 숙박시설

Akomodasi 숙박시설
아꼬모다시 Suk bak sa seol

Di mana ada losmen? 여관은 어디에 있습니까?
디마나 아다 로ㅅ멘 Yeo gwann eun / eo di e / I seum ni ka?

Di mana ada hotel? 호텔은 어디에 있습니까?
디마나 아다 호뗄 Ho tell eun / eo di e / I seum ni ka?

Di mana ada losmen terdekat? 가장 가까운 여관은
디마나 아다 로ㅅ멘 뜨ㄹ드깟 어디에 있습니까?
Ga jang ga ka un / yeo gwann eun / eo di / e I seum ni ka?

Anda bisa merekomendasikan tempat yang murah?
안다 비사 므르꼬멘다시깐 뜸빳 양 무라ㅎ?
당신은 저렴한 것을 추천해 주실 수 있습니까?
Dang sinn eun / jeo ryeom han / geot eul / chu cheon he / ju sil / su / I seum ni ka?

Anda bisa merekomendasikan tempat yang bagus? 당신은 좋은 것을 추천해 주실 수 있습니까?
안다 비사 므르꼬멘다시깐 뜸빳 양 바구ㅅ?
Dang sinn eun / joh eun / geot eul / chu cheon hae / ju sil su / iseum nika?

부록

Saya mau pesan kamar untuk satu malam.
사야 마우 쁘산 까마ㄹ 운뚝 사뚜 말람
저는 하룻밤 묵을 방을 예약하고 싶습니다.
Jeo neun / ha ru bam / mok keul bang eul /
ye yak ha go / sib seum ni da

Ada kamar untuk 2 orang?
아다 까마ㄹ 운뚝 두아 오랑?   두 명이 사용할 방이 있습니까?
Du myeong I / sa yong hal bang I / I seum ni ka?

Ada kamar untuk 3 orang?
아다 까마ㄹ 운뚝 띠가 오랑   세 명이 사용할 방이 있습니까?
Se myeong I / sa yong hal / bang I / I seum ni ka?

Ada kamar untuk 2 malam?
아다 까마ㄹ 운뚝 두아 말람?   이틀 밤을 묵을 방이 있습니까?
I theul bamm eul / nuk keul bang I / I seum ni ka?

Kunci saya tertinggal di dalam kamar
꾼찌 사야 뜨ㄹ띵갈 디 까마ㄹ 제 열쇠를 방 안에 두고 왔습니다.
Je yeong se reul / bang an ne du go / wa seum ni da

AC nya tidak jalan   에어컨이 나오지 않습니다.
아세냐 띠닥 잘란   E eo kheon ni / na o ji / an seum ni da

TV nya rusak   텔레비전이 고장났습니다.
띠피나 루삭   Thel le bi jeon I / go jang na seum ni da

Apa ada siaran……..?   _____방송이 나옵니까?
아빠 아다 시아란?   _____bang song I / na om ni ka?

Di kamar ada air minum? 방에 식수가 있습니까?
디까마ㄹ 아다 아이ㄹ 미눔? Bang e / sik su ga / I seum ni ka?

Tolong bangunkan saya jam 7 pagi.
똘렁 방운깐 사야 잠 뚜주ㅎ 빠기   저를 아침 7시에 깨워주세요.
Jeo reul / a chim il gob si e / kae wo ju se yo

Jam berapa check outnya? 체크아웃이 몇 시입니까?
잠 브라빠 쩩 아웃냐? Che kheu aut si / myeot si im ni ka?

Boleh saya check out jam 2 siang? 제가 오후 2시에
볼레ㅎ 사야 쩩 아웃 잠 두아 시앙?   체크아웃 해도 됩니까?
Je ga / o hu tu si e / che kheu a out / he do dwim ni ka?

Kalau saya check out jam 2 siang, apa ada biaya tambahan.
깔라우 사야 쩩 아웃 잠 두아 시앙, 아빠 아다 비아야 땀바한?
  제가 오후 2시에 체크아웃을 한다면, 추가비용이 있습니까?
Je ga / o hu / tu si e / cek ke a ut seul / han da myeon, /
                chu ka bi yong I / I seum ni ka?

Apakah sudah termasuk pajak?
아빠까ㅎ 수다ㅎ 뜨ㄹ마숙 빠작?   세금이 이미 포함되었습니까?
        Se geum I / I mi / pho ham dwi o seum ni ka?

Di kamar ada akses internet? 방에서 인터넷 접속이
디 까마ㄹ 아다 악세ㅅ 인뜨ㄹ넷?   가능합니까?
Bang e seo / in teo net jeob sok I / ga neung ham ni ka?

Di kamar ada air minum? 방에 식수가 있습니까?
디 까마ㄹ 아다 아이ㄹ 미눔? Bang e sik su ga / I seum ni ka?

부록

Berapa satu malam? 하룻밤에 / 얼마입니까?
브라빠 사뚜 말람? Ha reut bam e / eol ma im ni ka?

Berapa harganya untuk hari biasa?
브라빠 하ㄹ가냐 운뚝 하리 비아사? 평일에는 얼마입니까?
Phyeong il e neun / eol ma im ni ka?

Berapa harganya untuk hari Sabtu Minggu?
브라빠 하ㄹ가냐 운뚝 하리 삽뚜 밍구? 주말에는 얼마입니까?
Ju mal e neun / eol ma im ni ka?

Boleh saya lihat dulu? 제가 먼저 봐도 됩니까?
볼레ㅎ 사야 리핫 둘루?
Je ga / meon jeo / bwa do / dim ni ka?

Bisa saya bayar dengan kartu kredit?
비사 사야 바야ㄹ 등안 까르뚜 끄레딧?
신용카드로 계산해도 됩니까?
Sin yong kha deu ro / gye san he do / dwim ni ka?

Apa sudah termasuk makan pagi?
아빠 수다ㅎ 뜨ㄹ마숙 마깐 빠기? 조식이 포함되었습니까?
Jo sikk i / pho ham dwi o seum ni ka?

Di mana sarapan paginya? 조식은 어디에서 합니까?
디마나 사라빤 빠기냐?
Jo sikk eun / o di e seo / ham ni ka?

Jam berapa sarapan paginya? 조식은 몇시에 합니까?
잠 브라빠 사라빤 빠기냐? Jo sikk eun / myot si e ham ni ka?

Air panasnya tidak jalan. 온수가 나오지 않습니다.
아이ㄹ 빠나스냐 띠닥 잘란 On su ga / na o ji / an seum ni da

Tolong panggilkan taksi. 택시를 불러 주세요.
똘롱 빵길깐 딱시 Thaek si reul / bul leo ju se yo

Apa bisa menukar uang di sini?
아빠 비사 므누까ㄹ 우앙 디시니?
여기에서 돈을 환전할 수 있습니까?
Yeo gi e seo / don neul / hwan jeon hal su I seum ni ka?

Apa ada kolam renang di sini?
아빠 아다 껄람 르낭 디시니? 여기에 수영장이 있습니까?
Yeo gi e / su yeong jang l / I seum ni ka?

Apa ada fitness center di sini? 여기에 피트니스
아빠 아다 핏네ㅅ 센뜨ㄹ 디시니? 센터가 있습니까?
Yeo gi e / phi theu ni se sen teo ga / I seum ni ka?

Bagaimana untuk menelepon internasional?
바가이마나 운뚝 므늘르뽄 인뜨ㄹ나시오날?
국제전화는 어떻게 합니까?
Guk je jeon hwa neun / o tteoh ke ham ni ka?

Boleh saya minta selimut lagi?
볼레ㅎ 사야 민따 슬리뭇 라기?
담요를 하나 더 요청해도 됩니까?
Dam yo reul / ha na deo / yo ceong he do / dwim ni ka?

Berbelanja _ 쇼핑

Berbelanja 쇼핑
브ㄹ블란자 Syo phing

Di mana ada toko sepatu?
디마나 아다 또꼬 스빠뚜?　구두 가게가 어디에 있습니까?
　　　Gu du ga ge ga / eo di e / I seum ni ka?

Di mana bisa beli bando?
디마나 비사 블리 반도?　머리띠를 어디에서 살 수 있습니까?
　　　Meo ro ti reul / eo di e seo / sal su / I seum ni ka?

Jam berapa toko ini buka?
잠 브라빠 또꼬 이니 부까?　이 가게는 몇 시에 문을 엽니까?
　　　I ga ge neun / myeot si e / munn eul yeob ni ka?

Di mana supermarket terdekat?
디마나 수쁘ㄹ마ㄹ껫 뜨ㄹ드깟?
　　　　　　　　가장 가까운 슈퍼마켓이 어디에 있습니까?
　　　Ga jang ga kka un / syu pheo ma khet si / eo di e /
　　　　　　　　　　　　　　　　　　　I seum ni kka?

Mau cari apa? 무엇을 찾으세요?
마우 짜리 아빠?　　Mu ot seul / cha jeu se yo?

Saya mau cari baju pesta. 저는 파티복을 찾고 있습니다.
사야 마우 짜리 바주 쁘ㅅ따
    Jeo neun / pha thi bokk eul / cha go / I seum ni da

Ada model lain? 　　　　　　　　다른 모델이 있습니까?
아다 모들 라인? 　　　　Da reun no del I / I seum ni kka?

Ada warna lain? 　　　　　　　　다른 색상이 있습니까?
아다 와ㄹ나 라인? 　　Da reun saek sang I / I seum ni kka?

Ada ukuran yang lebih besar?
아다 우꾸란 양 르비ㅎ 브사ㄹ? 　　더 큰 사이즈가 있습니까?
　　　　　　　　Deo / kheun sai je ga / I seum ni ka?

Boleh saya lihat. 　　　　　　　제가 봐도 될까요?
볼레ㅎ 사야 리핫 　　　Je ga / bwa do / dwil ka yo?

Saya hanya lihat-lihat saja.
사야 한야 리핫-리핫 사자 　　저는 단지 구경하고 있습니다.
　　　　　Jeo neun / dan ji gu gyeong / ha go I seum ni da

Terlalu mahal. 　　　　　　　　너무 비쌉니다.
뜨ㄹ랄루 마할 　　　　　　No mu / bi sam ni da

Boleh kurang? 　　　　　　　　깍아 주실 수 있으세요?
볼레ㅎ 꾸랑? 　　　　Kka ka ju sil su / I seu se yo?

Ini harga pas. 　　　　　　　　이 것은 정찰가 입니다.
이니 하ㄹ가 빠ㅅ 　　I geot seun / jeong chal ga / im ni da

Ada yang lebih murah? 더 저렴한 것이 있습니까?
아다 양 르비ᇹ 무라ᇹ?
Deo jeo reyom han geot I / I seum ni ka?

Karena model ini sudah lama boleh kurang.
까르나 모들 이니 수다ᇹ 라마 볼레ᇹ 꾸랑
이 모델은 오래된 모델이기 때문에 깍아 드릴 수 있습니다.
I mo del eun / o re dwin mo del / I gi te mun ne / gak ka de ril su I seum ni da

Ini model tahun lalu. 이 것은 작년 모델입니다.
이니 모들 따훈 랄루
I geot seun / jang nyeon / mo del im ni da

Ada garansinya? 보증서가 있나요?
아다 가란시냐?
Bo jeung seo ga / I nay o?

Masa garansinya sudah lewat.
마사 가란시냐 수다ᇹ 레왓 보증서 기간이 이미 지났습니다.
Bo jeung seo gi gan I / I mi / ji na seum ni da

Salon Rambut _ 미용실

Salon rambut   미용실
살런 람붓   Mi yeong sil

Poni   앞머리
뻐니   Am meo ri

Kepang   땋다(머리)
께빵   Ttah ta (Meo ri)

Kumis   콧수염
꾸미ㅅ   Khot su yeom

Jenggot   턱수염
젱것   Theok su yeom

부록

Saya mau di-blow.   저는 드라이를 하고 싶습니다.
사야 마우 디블로우
    Jeo neun de ra I reul / ha go sip seum ni da

Saya mau rambut saya dicat.
사야 마우 람붓 사야 디짯   저는 제 머리를 염색하고 싶습니다.
Jeo neun / je meo ro reul / yeom saek ha go / sip sem ni da

Saya mau rambut saya digunting.
사야 마우 람붓 사야 디군띵   저는 제 머리를 자르고 싶습니다.
    Jeo neun / je meo ri reul / ja reu go / sip seum ni da

Saya mau poni saya dirapikan.
사야 마우 뻐니 사야 디라삐깐   저는 제 앞머리를 다듬고 싶습니다.
    Jeo neun / je am meo ri reul / da deum go / sip seum ni da

Saya mau jenggot saya dirapikan.
사야 마우 젱곳 사야 디라삐깐

저는 제 턱수염을 다듬고 싶습니다.
Jeo neun / je theok su yeon eul / da deum go / sim seum ni da

Jangan terlalu pendek.
장안 뜨ㄹ랄루 뻰덱

너무 짧게 자르지 마세요.
Neo mu calb ke / ja re ji ma se yo

Pendekkan 2 cm saja.
뻰덱깐 두아 센띠메뜨ㄹ 사자

2센티미터만 잘라주세요.
Thu sen thi mi theo man / jal la ju se yo

Tolong cukur semua.
똘롱 쭈꾸ㄹ 스무아

모두 면도 해주세요.
Mo du / myeon do / he ju se yo

Saya ingin model yang ini.
사야 잉인 모들 양 이니

저는 이 모델을 원합니다.
Jeo neun / I mo del reul / won ham ni da

Tempat fotokopi _ 복사(제본)장소

Tempat fotokopi
뜸빳 포또꼬삐

복사(제본)장소
Bok sa (je bon) jang so

Tolong kopikan halaman ini saja.
똘렁 꺼삐깐 할라만 이니 사자

이 페이지만 복사해 주세요.
I phe I ji man / bok sa hae ju se yo

Tolong kopi dari halaman sampai 10.
똘렁 꼬삐 다리 할라만 이니 삼빠이 10

이 페이지부터 10페이지까지 복사해 주세요.
I phei ji bu teo / sip phe I ki kka ji /
bok sa hae ju se yo

Tolong kopikan 2 kali ya.
똘롱 꼬삐깐 두아 깔리 야

두 부로 복사해 주세요.
Du bu ro / bok sa hae ju se yo

Di sini bisa print?
디시니 비사 쁘린

여기 프린트 가능합니까?
Yeo gi /
pheu rin theu ga neung ham ni ka?

Berapa biaya print?
브라빠 비아야 쁘린

프린트 비용이 얼마입니까?
Pheu rin theu bi yong I /
eol ma im ni kka?

부록

Berapa biaya print satu lembar?
브라빠 비아야 쁘린 사뚜 름바르?

한 장에 프린트 비용이 얼마입니까?
Han jang e pheu rin theu bi yong l / eol ma im ni kka?

Disini bisa print berwarna?
디시니 비사 쁘린 브르와르나?   여기 컬러 프린트 가능합니까?
Yeo gi / kheol leo / pheu rin theu /
ga neung ham ni ka?

Berapa biaya print berwarna?
브라빠 비아야 쁘린 브르와르나?

컬러 프린트 비용이 얼마입니까?
Kheol leo / pheu rin theu / bi yong I /
eol ma im ni ka?

Di sini bisa scan?
디 시니 비사 스캔?   여기 스캔 가능합니까?
Yeo gi / se khaen /
ga neung ham ni ka?

Tolong scan-kan ini?
똘롱 스캔깐 이니?   이 것을 스캔해 주세요.
I geot seul / seu khaen hae ju se yo

Tolong kirim ke email saya hasil scan-nya.
똘롱 끼림 께 이일 사야 하실 스캔냐

스캔을 제 이메일로 보내주세요.
Seu khaen neul / je I me il ro / bo ne ju se yo

Bisa kopikan buku ini?
비사 꼬삐깐 부꾸 이니?   이 책 복사 가능합니까?
I chaek / bok sa /
ga neung ham ni ka?

Bisa diberi spring? 스프링으로 해주실 수 있으세요?
비사 디브리 스프링
Se pheu ring e ro / he ju sil / su / I seu se yo?

Bisa jilidkan file ini?
비사 지릿깐 파일 이니   이 파일을 제본해 주실 수 있으세요?
I pha ill eul / je bon hae / ju sil / su / I seu se yo?

Kapan bisa selesai?   언제 끝날 수 있습니까?
까빤 비사 스르사이   Eon je / ket nal / su / I seum ni kka?

Saya perlu sampai besok.   저는 내일까지 필요합니다.
사야 쁘ㄹ루 삼빠이 베속   Jeo neun/ nae il kka ji /
                                              phil yo ham ni da

Bisa selesaikan besok?   내일 끝날 수 있습니까?
비사 세레사이깐 베속?   Nae il / ket nal / su / I seum ni ka?

Biayanya berapa?   비용이 얼마입니까?
비아야냐 브라빠   Bi yong I / eol ma im ni kka?

부록

Kantor Pos _ 우체국

Kantor pos 우체국
깐떠ㄹ 뻐ㅅ U che guk

Saya mau kirim paket. 저는 소포를 보내고 싶습니다.
사야 마우 끼림 빠껫 Jeo neun / so pho reul / bo ne go /
sip seum ni da

Saya mau kirim paket keluar negri. 저는 해외로
사야 마우 끼림 빠껫 끄 루아ㄹ 늑리 소포를 보내고 싶습니다.
Jeo neun / he we ro / so pho reu / l bo ne go / sib seum ni da

Saya mau kirim surat. 저는 편지를 보내고 싶습니다.
사야 마우 끼림 수랏 Jeo neun / phyeon ji reul /
bo ne go / sip seum ni da

Saya mau beli perangko. 저는 우표를 사고 싶습니다.
사야 마우 블리 쁘랑꼬 Jeo neun / u phyo reul / sa go /
sip seum ni da

Saya mau beli kotak pos yang kecil.
사야 마우 블리 꼬딱 뽀ㅅ 양 끄찔
저는 작은 우체국 상자를 사고 싶습니다.
Jeo neun / jak keun / u che guk / sang ja reul / sa go /
sip seum ni da

Saya mau beli kotak pos yang paling besar.
사야 마우 블리 꼬딱 뻐ㅅ 양 빨링 브사ㄹ

저는 가장 큰 우체국 상자를 사고 싶습니다.
Jeo neun / ga jang / kheun / u che guk sang ja reul / sa go / sip seum ni da

Tolong kirim dengan paket ekspres ya.
똘롱 끼림 등안 빠껫 엣쁘레ㅅ 야

익스프레스(급행) 소포로 보내 주세요.
Ik se pheu re se (geub haeng) / so pho ro / bo nae / ju se yo

Tolong kirim dengan paket kilat.
똘롱 끼림 등안 빠껫 낄랏

특급 소포로 보내 주세요.
Theuk geb / so pho ro / bo me ju se yo

Tolong kirim dengan paket biasa.
똘롱 끼림 등안 빠껫 비아사

일반 소포로 보내 주세요.
Il ban / so pho ro / bo ne ju se yo

Tolong kirim dengan pos udara ke Korea.
똘롱 끼림 등안 뻐ㅅ 우다라 끄 꼬레아

한국까지 항공우편으로 보내 주세요.
Han guk ka ji / hang gong u phyeon e ro / bo ne ju se yo

Ada kiriman untuk saya?
아다 끼리만 운뚝 사야?

저에게 온 것이 있습니까?
Jeo e ge / on geot si / I seum ni kka?

Perbendaharaan Kata _ 단어장

Jalan (잘란)	길 (Gil)
Tidak tahu (띠닥 따후)	모르다 (Mo reu da)
Permisi (쁘ㄹ미시)	실례합니다 (Sil lye ham ni da)
Di sini (디 시니)	여기 (Yeo gi)
Di mana (디 마나)	어디 (Eo di)
Tempat (뜸빳)	장소 (Jang so)
Pusat belanja (뿌삿 블란자)	쇼핑 센터 (Syo phing sen theo)
Sedikit (스디낏)	적다 (Jeok da)
Jauh (자우ㅎ)	멀다 (Meol da)
Jalan kaki (잘란 까끼)	걷다 (God da)

Melihat-lihat (믈리핫 리핫)	구경하다 (Gu gyeong ha da)
Indah (인다ㅎ)	아름답다 (I reum dap da)
Orang asing (오랑 아싱)	외국 사람 (Wi guk sa ram)
Cuaca (쭈아짜)	날씨 (Nal ssi)
Beruntung (쁘룬뚱)	운이 좋다 (Un ni joh da)
Toilet (또이렛)	화장실 (Hwa jang sil)
Stasiun kereta bawah tanah (ㅅ따시운 바와ㅎ 따나ㅎ)	지하철 역 (Ji ha cheol yeok)
Mall (멀)	백화점 (Baek hwa jeom)

부록

Perbendaharaan Kata _ 단어장

Surat (수랏)	편지 (Phyeon ji)
Lem (렘)	풀 (Phul)
Tanda tangan (딴다 땅안)	서명 (Seo Myeong)
Kwitansi (뀌딴시)	영수증 (Yeong Su Jeung)
Amplop (암쁠랖)	봉투 (Bong Thu)
Perangko (쁘랑꼬)	우표 (U Phyo)
Kota (꼬따)	도시 (Do si)
Memakan waktu (므마깐 왁뚜)	걸리다 (Geol Ri Da)
Pos kilat (뻐ㅅ 낄랏)	속달 우편 (Sok dal U Phyeon)
Pos standar (뻐ㅅ ㅅ딴다ㄹ)	일반 우편 (Il ban U Phyeon)

Pos udara (뻐ㅅ 우다라)	항공우편 (Hang gong u pyeon)
Pakaian (빠까이안)	옷 (Ot)
Tas (따ㅅ)	가방 (Ka bang)
Menimbang (므님방)	달다 (Dal da)
Kirim (끼림)	보내다 (Bo nae da)
Kilogram (낄로그람)	킬로그램 (Khil lo geu raem)
Biaya (비아야)	비용 (Bi Yong)
Kode Pos (꼬드 뻐ㅅ)	우편 번호 (U pyeon bon ho)
Beli (블리)	사다 (Sa da)

부록

Perbendaharaan Kata _ 단어장

Musik (무식)	음악 (Eu mak)
Bagus (바구ㅅ)	좋다 (Joh da)
Sendiri (슨디리)	혼자 (Hon ja)
Teman laki-laki (뜨만 라끼 라끼)	남자 친구 (Nam ja chin gu)
Akhir pekan (아키ㄹ 쁘깐)	주말 (Ju mal)
Bermain (브ㄹ마인)	놀다 (Nol da)
Melepas lelah (믈르빠ㅅ)	긴장을 풀다 (Gin jang eul phul da)
Teman (뜨만)	친구 (Chin gu)
Duduk (두둑)	앉다 (An da)
Ngobrol (응업브럴)	대화하다 (Dae hwa ha da)
Mabuk (마북)	취하다 (Chwi ha da)
Payah (빠야ㅎ)	안되다 (An dwi da)
Rokok (로꼭)	담배 (Dam bae)

Perbendaharaan Kata _ 단어장

Bangun (방운)	일어나다 (Il lo na da)
Banyak ngomong (바냑 응오멍)	말이 많다 (Ma li man ta)
Mandi (만디)	목욕하다 (Mok yok ha da)
Makan pagi (마깐 빠기)	아침 식사 (A chim sik sa)
Ngantuk (응안뚝)	졸리다 (Jol li da)
Nasi goreng (나시 고렝)	볶음밥 (Bok keum bab)
Lezat (르잣)	맛있다 (Mas sit da)
Kenyang (끄냥)	배부르다 (Bae bu reu da)
Makan malam (마깐 말람)	저녁 식사 (Jo nyeok sik sa)
Istirahat (이스띠라핫)	쉬다 (Swi da)
Selamat belajar (슬라맛 블라자ㄹ)	열심히 공부하세요 (Yeoul sim hi gong bu ha se yo)
Air panas (아이ㄹ 빠나ㅅ)	뜨거운 물 (Tteu geo un mul)
Hebat / Iuar biasa (헤밧 / 루아ㄹ 비아사)	멋지다 / 놀랍다 (Mot ji da/nol lab ta)
Tidur (띠두ㄹ)	자다 (Ja da)
TV (띠피)	텔레비전 (Thel le bi jeon)
Selamat tidur (슬라맛 띠두ㄹ)	잘자요 (Jal ja yo)

Perbendaharaan Kata _ 단어장

Nama (나마)	이름 (I reum)
Umur (우무ㄹ)	나이 (Na i)
Mahasiswa (마하시ㅅ와)	대학생 (Dae hak saeng)
Tinggal (띵갈)	살다 (Sal da)
Rumah (루마ㅎ)	집 (Jip)
Pekerjaan (쁘꺼ㄹ자안)	직업 (Ji kop)
Sampai Bertemu lagi (삼빠이 브ㄹ뜨무 라기)	또 만나요 (Tto man na yo)
Sekolah (스꼴라ㅎ)	학교 (Hak kyo)
Tempat Kursus (뜸빳 꾸ㄹ수ㅅ)	학원 (Hak won)
Apotek (아뻐떽)	약국 (Yak guk)
Kedai Kopi (끄다이 꼬삐)	커피숍 (Khoe phi syop)
Nomor / Nomer Telepon (노머ㄹ 뜰레뽄)	전화번호 (Jon hwa bon ho)

DI BIOSKOP

Menonton TV (믈리핫 띠피)	텔레비전을 보다 (Thel le bi jeon eul bo da)
Tidak ada kerjaan (띠닥 아다 끄ㄹ자안)	할것이 없다 (Hal geos si ob da)
Banyak (바냑)	많다 (Man ta)
Film (필름)	영화 (Yeoung hwa)
Bioskop (비오ㅅ꼽)	극장 (Geuk jang)
Menonton film (므논떤 필름)	영화를 보다 (Yeong hwa reul bo da)
Bertemu (브ㄹ뜨무)	만나다 (Mannada)
Cepat (쯔빳)	빠르다 (Pa reu da)
Tiba (띠바)	도착하다 (Do chak ha da)
Film komedi (필름 꼬메디)	웃기는 영화 (Ut gi neun yeong hwa)
Film horror (필름 호러ㄹ)	공포 영화 (Gong pho yeong hwa)
Film drama (필름 ㄷ라마)	드라마 영화 (Deu ra ma yeong hwa)
Tiket (띠껫)	표 (Phyo)
Nomor (노머ㄹ)	번호 (Beon ho)

부록

Cerita (쯔리따)	이야기 (I ya gi)
Bersama (쁘르사마)	함께 (Ham kke)
Senang (스낭)	기쁘다 (Gi ppeu da)
Sewaktu kecil (왁뚜 끄찔)	어렸을 때 (Eo ryeo sseul tae)

DI RESTORAN

Selamat datang (슬라맛 다땅)	어서 오십시오 (Eo seo o sip si o)
Restoran (레ㅅ또란)	식당 (sik dang)
Menu (므누)	메뉴 (me nyu)
Satu porsi (사뚜 뽀ㄹ시)	한 그릇 (han geu reut)
Satu gelas (사뚜 글라ㅅ)	한잔 (han jan)
Makanan (마까난)	음식 (eum sik)
Minuman (미누만)	음료수 (eum ryo su)
Kopi (꼬삐)	커피 (kheo phi)
Jus (주ㅅ)	주스 (Ju seu)
Bir (비ㄹ)	맥수 (maek ju)
Jeruk (즈룩)	오랜지 / 귤 (oe raen ji/gyul)

Saus (사우ㅅ)	소스 (so seu)
Es (에ㅅ)	얼음 (Eol eum)
Daging babi (다깅 바비)	돼지 고기 (dwae ji go gi)
Enak (에낙)	맛있다 (ma sit da)
Traktir (뜨락띠ㄹ)	사주다 (sa ju da)
Lapar (라빠ㄹ)	배고프다 (bae go pheu da)
Pusat kota (뿌삿 꼬따)	시내 (si nae)
Pelayan (쁠라얀)	웨이터 (we i theo)
Sendok (센덕)	숟가락 (sud ga rak)
Sumpit (숨삣)	젓가락 (jot ga rak)

Percakapan sehari-hari

Selamat pagi (슬라맛 빠기)	안녕하십니까 / 안녕 하세요 (An yeong ha sim nik ka/ An yeong ha sae yo)
Pertama kali (쁘ㄹ따마 깔리)	처음 (Cheo eum)
Selamat datang (슬라맛 다땅)	환영합니다 (Hwan yeong ham ni da)
Mohon bantuan (모헌 반뚜안)	잘 부탁 드립니다 (Jal bu tak deur rim ni da)
Terima kasih (뜨리마 까시ㅎ)	감사합니다 / 고맙습니다 (Kam sa ham ni da / Go map seum ni da)
Terima kasih kembali (뜨리마 까시ㅎ 끔발리)	천만에요 (chon man ne yo)
Istirahat (이ㅅ띠라핫)	쉬다 (Swi da)
Selamat istirahat (슬라맛 이ㅅ띠라핫)	안녕히 주무십시오 (An nyeong hi ju mu sip si o)
Sampai jumpa besok (삼빠이 줌빠 베속)	내일 봅시다 (Nae il bob si da)

Mohon maaf (모혼 마앞)	미안합니다 / 죄송합니다 (Mi an ham ni da / jwi song-ham ni da)
Tidak apa-apa (띠닥 아빠 아빠)	괜찮습니다 (Gwaen cha na yo)
Sayang sekali (사양 스깔리)	아깝다 (A kkap da)
Senang (스낭)	기쁘다 (Gi peu da)
Berwisata (브ㄹ위사따)	여행하다 (Yeo haeng ha da)
Makanan (마까난)	음식 (Eum sik)
Suka (수까)	좋아하다 (Jo a ha da)
Syukurlah (슈꾸ㄹ라ㅎ)	다행이다 (Da haeng i da)
Hati-hati (하띠 하띠)	조심하다 (Jo sim ha da)
Selamat tinggal (슬라맛 띵갈) (orang yang mengucapkan pergi meninggalkan tempat) (오랑 양 믕우짭깐 쁘ㄹ기 므닝갈깐 뜸빳)	안녕히 계십시오 (An nyeong hi gye sip si o)
Selamat tinggal (슬라맛 띵갈) (orang yang mengucapkan tinggal di tempat) (오랑 양 믕우짭깐 띵갈 디 뜸빳)	안녕히 가십시오 (An nyeong hi ga sip si o)

Berterima Kasih _ 감사 표시

- **Terima kasih (bentuk hormat)**
  뜨리마 까시ㅎ (븐뚝 호ㄹ맛) = 감사합니다 / 고맙습니다
  (Kam sa ham ni da / Go mab seum ni da)

- **Terima kasih (informal-antar teman)**
  뜨리마 까시ㅎ (인포ㄹ말- 안따ㄹ 뜨만)= 감사해요 / 고마워요
  (Kam sa hae yo / Go ma wo yo)

- **Terima kasih banyak** = 대단히 감사합니다
  뜨리마 까시ㅎ 바냑 (Dae da hi / kam sa ham ni da)

- **Terima kasih kembali** = 천만에요
  뜨리마 까시ㅎ 끔발리 (Cheon man e yo)

- **Terima kasih sudah datang**
  뜨리마 까시ㅎ 수다ㅎ 다땅 = 와 주셔서 감사합니다
  (Wa ju syo so / kam sa ham ni da)

- **Terima kasih karena telah membantu saya**
  뜨리마 까시ㅎ 뜰라ㅎ 믐반뚜 사야
  = 저를 도와주셔서 감사합니다
  (Jo reul / do wa ju syo so / kam sa ham ni da)

- **Terima kasih karena telah memilih saya**
  뜨리마 까시ㅎ 뜰라ㅎ 므밀리ㅎ 사야
  = 저를 선택 해 주셔서 감사합니다
  (Jo reul / son taek hae ju syo so / Kam sa ham ni da)

부록

- ❖ **Terima kasih telah menunggu**
  뜨리마 까시ㅎ 뜰라ㅎ 므눙구 = 기다려 주셔서 감사합니다
  (Gi da ryo / ju syo so / Kam sa ham ni da)

- ❖ **Terima kasih atas kesempatan ini**
  뜨리마 까시ㅎ 아따ㅅ 끄슴빠딴이니
  = 이 기회를 주셔서 감사합니다
  (I Gi hwe reul / Ju syo so / Kam sa ham ni da)

- ❖ **Terima kasih atas undangannya**
  뜨리마 까시ㅎ 아따ㅅ 운당안냐
  = 초대를 해 주셔서 감사합니다
  (Cho dae reul / hae Ju syo so / Kam sa ham ni da)

- ❖ **Terima kasih atas bingkisannya**
  뜨리마 까시ㅎ 아따ㅅ 빙끼산냐
  = 소포를 보내 주셔서 감사합니다
  (So po reul / bo nae Ju syo so / Kam sa ham ni da)

- ❖ **Terima kasih banyak atas kerja samanya**
  뜨리마 까시ㅎ 반약 뚝 끄ㄹ자 사마냐
  = 협조해 주셔서 대단히 감사합니다
  (Hyeop jo hae Ju syo so / Dae dan hi Kam sa ham ni da)

- ❖ **Ucapkanlah terima kasih kepadanya**
  우짭깐 뜨리마 까시ㅎ 빠다냐
  = 그에게 감사한다고 말씀하십시오
  (Geu e ge / Kam sa han da go / Mal sseum ha sib si o)

Meminta Maaf _ 사과 표시

- **Minta maaf (bentuk hormat)**
  민따 마앞 (븐뚝 호ㄹ맛) = 미안합니다 / 죄송합니다
  (Mi an ham ni da / Jwe song ham ni da)

- **Minta maaf (informal-antar teman)**
  민따 마앞 (인포ㄹ말-안따ㄹ 뜨만) = 미안해 / 죄송해
  (Mi an hae/Jwe song hae)

- **Minta maaf sekali** = 정말 죄송합니다
  민따 마앞 스깔리 (Jong mal / Jwe song ham ni da)

- **Minta maaf karena kesalahan saya**
  민따 마앞 까르나 끄살라한 사야
  = 실수를 해서 죄송합니다
  (Sil su reul / Hae so / Jwe song ham ni da)

- **Maaf karena terlambat** = 늦어서 죄송합니다
  마앞 까르나 뜨ㄹ람밧 (Neu jo so / Jwe song ham ni da)
  죄송해요 (Jwe song hae yo)

- **Maaf saya tidak bisa datang**
  마앞 사야 띠닥 비사 다땅 = 갈 수 없어서 죄송합니다
  (Gal su ob so so / Jwe song ham ni da)

- **Maaf tidak bisa mengangkat telepon**
  마앞 띠닥 비사 믕앙깟 뜰르뽄
  = 전화를 받을수 없어서 죄송합니다
  (Jon hwa reul / ba deul su ob so so / Jwe song ham ni da)

부록

- ❖ Maaf tidak bisa memberi kabar
  마앞 띠딱 비사 음브리 까바ㄹ
  = 연락할 수 없어서 죄송합니다
  (Yeo lak hal su ob so so / Jwe song ham ni da)

- ❖ Maaf tidak mengerjakan pekerjaan rumah
  마앞 띠딱 믕으ㄹ자깐 쁘끄ㄹ자안 루마ㅎ
  = 숙제를 하지 않아서 죄송합니다
  (Suk je reul / ha ji an na so / Jwe song ham ni da)

- ❖ Maaf karena tidak bisa menjemput kamu
  마앞 까르나 띠딱 비사 믄즘뿟 까무
  = 마중갈 수 없어서 죄송합니다
  (Ma jung kal su ob so so / Jwe song ham ni da)

- ❖ Maaf karena tidak bisa bertemu
  마앞 까르나 띠딱 비사 브ㄹ뜨무
  = 만날 수 없어서 죄송합니다
  (Man nal su ob so so / Jwe song ham ni da)

- ❖ Maaf saya harus pergi sekarang
  마앞 사야 하루ㅅ 쁘ㄹ기 스까랑
  = 지금 가야해서 죄송합니다
  (Ji geum / ka ya hae so / Jwe song ham ni da)

- ❖ Maaf saya harus cepat pulang
  마앞 사야 하루ㅅ 쯔빳 뿔랑
  = 일찍 돌아가야해서 죄송합니다
  (Il jjik do ra ga ya hae so / Jwe song ham ni da)

- ❖ Maaf saya lupa = 잊어서 죄송합니다
  마앞 사야 루빠
  (I jo so / Jwe song ham ni da)

- Maaf saya sibuk = 바빠서 죄송합니다
  마앞 사야 시북 (Pa pa so / Jwe song ham ni da)

- maaf saya tidak bisa = 할수 없어-서 죄송합니다
  마앞 사야 띠닥 비사 (Hal su op so so / Jwe song ham ni da)

- Maaf sudah merepotkan Anda
  마앞 수다ㅎ 므르뽓깐 안다 = 수고를 끼쳐서 죄송합니다
  (Su go reul / kki jyeo so / Jwe song ham ni da)

- Maaf, saya tidak bermaksud apa-apa
  마앞, 사야 띠닥 브ㄹ막숫 아빠-아빠
  = 저는 아무것도 의도하지 않았습니다. 죄송합니다
  (Jo neun / a mu got do / eui do ha ji / an has seum ni da.
  Jwe song ham ni da)

- Saya hanya bercanda, maaf
  사야 하냐 브ㄹ짠다, 마앞 = 그냥 농담이예요, 미안해요
  (Geu nyang nong dam i ye yo, mi an hae yo)

부록

Ejekan _ 비웃음

- **Makanan ini tidak enak**
  마까난 이니 띠닥 에낙
  = 이 음식은 맛이 없어요 / 이 음식은 맛이 없어
  (I eum sik keun / mas si ob so yo / I eum sik keun / mas si eob so)

- **Film ini jelek** = 이 영화는 별로야
  필름 이니 즐렉   (I young hwa neun / pyeol lo ya)

- **Pakaian kamu jelek** = 너의 옷이 별로야
  빠까이안 까무 즐렉   (No eui ot si / pyeol lo ya)

- **Pakaian kamu tidak cocok**
  빠까이안 까무 띠닥 쩌쩍   = 너의 옷이 안 어울려요
                           (No eui ot si / an eol ul lo yo)

- **Kamu tidak punya kemampuan**
  까무 띠닥 뿌냐 끄맘뿌안   = 너는 능력이 없어
                           (No neun / neung ryog i / ob so)

- **Kamu bodoh** = 너는 바보야 (No eun / ba bo ya)
  까무 보도ㅎ

- **Kamu tidak bisa apa-apa** = 너는 아무것도 못해
  까무 띠닥 비사 아빠 아빠 (Neo neun / a mu got do / mut hae)

- Kamu gendut = 너은 뚱뚱해
  까무 근뜻 (No eun / ttung ttung hae)

- Kamu tidak bisa dipercaya
  까무 띠닥 비사 디 쁘ㄹ짜야 = 당신은 믿을 수 없어요
  (Dang sin eun / mid eul su eob so yo)

- Kamu tidak punya sopan santun
  까무 띠닥 쁜야 소빤 산뚠 = 너는 매너가 없어요
  (No neun / mae neo ga / eob so yo)

- Kerjaan kamu (buruk / jelek)
  끄ㄹ자안 까무 (부룩 / 즐렉) = 너는 일을 잘 못해
  (no neun il reul / jal mot hae)

- Otak kamu dimana = 머리 없어요
  오딱 까무 디마나 (meo ri /ob so yo)

부록

Memberi Nasihat _ 충고를 주다

- Sebaiknya kamu tidak datang
  스바익냐 까무 띠닥 다땅 = 안 오면 더 좋을 거에요
  (an o myeon/ deo jo eul keo e yo)

- Sebaiknya pertimbangkan lebih dahulu
  스바익냐 쁘ㄹ띰방깐 뜨ㄹ르비ㅎ 다훌루
  = 먼저 고려하면 좋겠어요
  (Mon jo / go ryou ha myoun / jo kes soyo)

- Sebaiknya kamu pergi = 당신이 가면 좋겠어요
  스바익냐 까무 쁘ㄹ기
  (Dang sin ni / ga myeon / jo ke sseo yo)

- Sebaiknya kamu pergi dulu
  스바익냐 까무 쁘ㄹ기 둘루 = 먼저 가면 더 좋아요
  (Mon jo / ga myoun / deo joayo)

- Seharusnya kamu bisa memperbaiki tingkah laku = 당신이 버릇을 고칠수 있어야 해요
  스하루ㅅ냐 까무 비사 음쁘ㄹ바이끼 띵까ㅎ 라꾸
  (Dang sin i/ bo reut seul / go chil su Is so ya hae yo)

- Berusahalah untuk datang tidak terlambat
  브ㄹ우사할라ㅎ 운둑 다땅 띠닥 뜨ㄹ람밧
  = 안 늦게 와보세요 (An neuj ke / wa bo se yo)
  안 늦게 오세요 (An neuj ke / o se yo)

- **Minum obatnya** = 약을 드세요
  미눔라ㅎ 오밧냐 (Yak keul / deu se yo)

- **Belajarlah dengan rajin** = 열심히 공부하세요
  블라자ㄹ라ㅎ 등안 라진 (Youl sim hi / gong bu ha se yo)

- **Rajinlah membaca buku dan jangan terlalu banyak bermain**
  라진라ㅎ 믐바짜 부꾸 단 장안 뜨ㄹ랄루 바냑 브ㄹ마인
  = 책을 열심히 읽고 많이 놀지 마세요
  (Chaek keul / youl sim hi / ilk go / man ni nol ji / ma se yo)

- **Teruslah berusaha** = 계속해 보세요
  뜨루ㅅ라ㅎ 브루사하 (Gye sok hae bo se yo)

- **Jangan sering tidur larut malam**
  장안 스링 띠두ㄹ 라룻 말람
  = 자주 너무 늦게 자지 마세요
  (Ja ju no mu neuj ke / ja ji ma se yo)

- **Berusahalah sekuat tenaga** = 열심히 하세요
  브루사할라ㅎ 스꾸앗 뜨나가 (Yeol sim hi / ha sea yo)

부록

BILANGAN _ 숫자

1 (Satu) 사뚜	일 (il)
2 (Dua) 두아	이 (i)
3 (Tiga) 띠가	삼 (sam)
4 (Empat) 음빳	사 (sa)
5 (Lima) 리마	오 (o)
6 (Enam) 으남	육 (yuk)
7 (Tujuh) 뚜주ㅎ	칠 (chil)
8 (Delapan) 들라빤	팔 (phal)
9 (Sembilan) 슴빌란	구 (gu)
10 (Sepuluh) 스뿔루ㅎ	십 (sip)

11 (Sebelas) 스블라ㅅ	십일 (sip il)
20 (Dua Puluh) 두아 뿔루ㅎ	이십 (I sip)
30 (Tiga Puluh) 띠가 뿔루ㅎ	삼십 (sam sip)
100 (Seratus) 스라뚜ㅅ	백 (Baek)
1,000 (Seribu) 스리부	천 (Cheon)
10,000 (Sepuluh Ribu) 스뿔루ㅎ 리부	만 (Man)
100,000 (Seratus Ribu) 스라뚜ㅅ 리부	십만 (sip man)
1,000,000 (Sejuta) 스주따	백만 (baek man)
10,000,000 (Sepuluh Juta) 스뿔루ㅎ 주따	천만 (cheon man)
100,000,000 (Seratus Juta) 스라뚜ㅅ 주따	억 (Ok)

부록

Memo